Khmer Vocabulary: A Khmer Language Guide

Maly Meng

Contents

I. Consonant

There are thirty-three letters in the Cambodian writing system. They are arranged in five groups according to the position of the articulation, proceeding from the back to the front of the mouth, and a sixth group labeled as **miscellaneous**. The consonants in modern Cambodian are also divided into two series. The first series is voiceless (light voiced) and the second series is voiced (heavy voiced).

The table below provides the symbol of all consonants.

Number	Consonants	Symbol
1	ក	k
2	ខ	kh
3	គ	k
4	ឃ	kh
5	ង	**ng**
6	ច	ch
7	ឆ	chh
8	ជ	ch
9	ឈ	chh
10	ញ	**nh**
11	ដ	d
12	ឋ	th
13	ឌ	d
14	ឍ	th
15	ណ	n
16	ត	t

17	ថ	th
18	ទ	t
19	ធ	th
20	ន	n
21	ប	b
22	ផ	ph
23	ព	p
24	ភ	ph
25	ម	m
26	យ	y
27	រ	r
28	ល	l
29	វ	w
30	ស	s
31	ហ	h
32	ឡ	l
33	អ	a

II. Sub-consonant

Special sub-consonant form is used to place under the first consonant, when two consonants are pronounced consecutively within a word. The form of the sub-consonant is in most cases a smaller version of its consonant version but some look completely different from the superscript. Regarding the pronunciation, the sub-consonant's pronunciation always follows consonant in the pronunciation..

The following table illustrate the consonant and the sub-consonant.

ក្ក	ខ្ខ	គ្គ	ឃ្ឃ	ង្ង
ច្ច	ឆ្ឆ	ជ្ជ	ឈ្ឈ	ញ្ញ
ដ្ដ	ឋ្ឋ	ឌ្ឌ	ឍ្ឍ	ណ្ណ
ត្ត	ថ្ថ	ទ្ទ	ធ្ធ	ន្ន
ប្ប	ផ្ផ	ព្ព	ភ្ភ	ម្ម
យ្យ	រ្រ	ល្ល	វ្វ	
ស្ស	ហ្ហ	ឡ្ឡ	អ្អ	

III. Vowels

There are 24 vowels in Khmer. Since the abstract vowel (a) is embedded in a consonant, there are only 23 vowels shown in the table below. The pronunciation of a vowel in Khmer is determined by the series of the initial consonant that it accompanies. The pronunciation of a vowel in Cambodian is determined by the two series of consonants (first and second series).

Voiceless				Voiced			
Vowel Symbol	Sound	Sample		Vowel Symbol	Sound	Sample	
x	A	ចង	Chang	x	Or	នង	Norng
xា	A	ក	Ka	xា	Ea	កា	Kea
xិ	E	ខេន	Khen	xិ	I	ឃិន	Khin
xី	Ei	ក្ដី	Kdei	xី	I	គីម	Kim
xឹ	Oe	កឹម	Koem	xឹ	I	អ្ញំ	Im
xឺ	Eu	ជឺម	Cheum	xឺ	Eu	ឈឺ	Chheu

3

xǫ	O	ម៉ុក	Mok	xǫ	U	ឈុច	Duch
xǫ	Au	ឥុច	Tauch	xǫ	Ou	ប៊ូ	Bou
xǫ	Uo	ស្អន	Suon	xǫ	Uo	ទួល	Tuol
េ xō	Ae	សើ	Sae	េ xō	Eu	មើល	Meul
េ ឿ	Oeu	សៀន	Soeum	េ ឿ	Oeu	ឌឿន	Doeun
េ ៀ	Ie	សៀន	Sien	េ ៀ	Ie	ដៀច	Viech
េ x	E	ថែន	Then	េ x	E	ពេញ	Penh
៉ x	E	ដែក	Dek	៉ x	E	គ្រែ	Kre
៉ x	Ai	ខៃ	Khai	៉ x	Ey	គ្រៃ	Prey
េ xៗ	Ao	កៅ	Kao	េ xៗ	O	គោ	Ko
េ xេៅ	Ao	សៅ	Sao	េ xេៅ	Eou	ពៅ	Peou
xǫǒ	Om	ខ្ញុំ	Khom	xǫǒ	Um	សុំ	Sum
xǒ	Am	សំ	Sam	xǒ	Um	នំ	Num
xៗǒ	Am	តាំ	Tam	xៗǒ	Oam	នាំ	Noam
xៈ	Ah	សៈ	Sah	xៈ	Eah	ព្រៈ	Preah
xǫៈ	Oh	ឆុៈ	Choh	xǫៈ	Uh	ពុៈ	Puh
េ xៈ	Eh	សេៈ	She	េ xៈ	Eh	ទេៈ	The
េ xៗៈ	Oh	កោៈ	Koh	េ xៗៈ	uoh	គោៈ	Kuoh

4

IV. Independent Vowel

Independent vowels are known as "/sraq phn) tue/" (complete vowel) because they incorporate both an initial consonant and a vowel. In the table below, there are:

- Independent vowel include an initial /q/ is listed from 1 to 5 and 10 and 11.
- Independent vowel include an initial /r/ is listed from 6 to 7.
- Independent vowel include an initial /l/ is listed from 8 to 9.

Number	Independent Vowels	Value of Independent Vowels
1	ឥ	E
2	ឦ	Ei
3	ឧ	O
4	ឩ	Ua
5	ឪ	Ov
6	ឫ	**Ruk**
7	ឬ	Reu
8	ឭ	Luk
9	ឮ	Leu
10	ឯ	E
11	ឰ	**Ai**

V. Diacritic

1. The Bantaq (')

Diacritic Bantaq is used on the top of the final consonant of a syllable in order to shorten the vowel of that syllable.

a. Double the final consonant to shorten the sound

e.g. កាន់ for Kann.

But if the English transcription is already two letters, do not repeat the final consonants

e.g. Chang instead of changng for ចង់

b. Change (ea) to (oa)

e.g. Moan for មាន់

* Exception with the five consonants (កខគយង)

e.g. teakk for ទាក់

c. Change the inherent vowel in the 2nd series from (o) to (u)

e.g. Prey Ta Rut, Skun

2. Treysap (៊)

Treysap is used to convert four of the first series consonants "ប ស ហ អ" which have no second series counterpart to the second series consonant "ប៊ ស៊ ហ៊ អ៊".

e.g. Hean instead of Han for ហ៊ាន

6

3. Mousekatoan (")

Changes the second series consonants (ឌ ញ ប ម) to (ឌ៉ ញ៉ ប៉ ម៉),

to give first series pronunciation to the vowel

e.g. Mok instead of Muk for ម៉ុក

4. Sanyok-sanha (៏)

a. Sanyok-sanha has the same value as the (- a). It is used
   in a certain words which borrowed from Pali or Sakrit.
   Usually, if the final consonant is silent, the words can be
   spelled with different way.
b. If the sanyok-sanha plus a final y, it is pronounced (ay)
   in the first series and (ey) in the second series.
c. If the s sanyok-sanha plus a final (r) /r/, it is
   pronounced (oa).

5. Robaat (័)

Robaat is the reflex of an original /r/ in Sanskrit words.

a. In most words, when the (robaat) occurs over a final
   consonant, both the consonant and the robaat are not
   pronounced.
b. When the robaat appears over a medial consonant, the
   robaat is pronounced.

VI. Punctuation

1. Khan (។)

Khan is Khmer full stop. It can be at the end of a single
sentence or several sentences dealing with a single topic.

2. baariyaosaan (។)

baariyaosaan is a full stop that marks the entire end of a chapter or entire text.

3. Laq (។ល។)

Laq is used to indicate et cetera.

4. Leiktoo (ៗ)

Leiktoo is used to indicate that the word or phrase after which it occurs is to be repeated.

1) Measurements

1) រង្វាស់

1) Rang Woas

acre

អា

A

area

ផ្ទៃ

Phtey

case

កេះ

Keh

centimeter

សង់ទីម៉ែត្រ

Sang Ti Met

cup

ពែង

Peng

dash

ចំនួនតិច

Cham Nuon Tech

degree

អង្សា

Ang Sa

depth

ជម្រៅ

Chum Reou

digit

ខ្ទង់

Khtung

dozen

ឡូ

Lau

foot

ហ្វុត

Hwout

gallon

ហ្គាឡុង

Hka Long

gram

ក្រាម

Kram

height

កម្ពស់

Kam Porss

huge

ធំ

Tham

inch

អ៊ិញ

Inh

kilometer

គីឡូម៉ែត្រ

Ki Lau Met

length

ប្រវែង

Bra Weng

liter

លីត្រ

Lit

little

បន្តិច

Bann Tech

measure

ខ្នាត

Khnat

meter

ម៉ែត្រ

Met

mile

ម៉ាយល៍

May

minute

នាទី

Nea Ti

miniature

រូបបំព្រួញ

Roub Bam Pruonh

ounce

អោនស៍

Aon

perimeter

បរិមាត្រ

Pak Ri Mat

pint

ជាញ

Phanh

pound

ផោន

Phaon

quart

ក្វថ

Kwath

ruler

បន្ទាត់

Bann Toat

scale

ជញ្ជីង

Chunh Ching

small

តូច

Tauch

tablespoon

ស្លាបព្រាបាយ

Slab Prea Bay

teaspoon

ស្លាបព្រាការហ្វេ

Slab Prea Ka Hwe

ton

តោន

Taon

unit

ឯកត្តា

Ek Ta

volume

ទំហំ

Tum Hum

weigh

ថ្លឹង

Thloeng

weight

ទម្ងន់

Tum Ngunn

width

ទទឹង

Tor Ting

yard

យ៉ាត

Yat

Time

ពេលវេលា

Pel We Lea

What time is it?

តើម៉ោងប៉ុន្មានហើយ?

Tae Maong Pon Man Haey?

It's 1:00 AM/PM

ម៉ោង 1:00 ព្រឹក/ល្ងាច

Maong Muoy Prik/Lngeach

It's 2:00 AM/PM

ម៉ោង 2:00 ព្រឹក/ល្ងាច

Maong Pi Prik/Lngeach

It's 3:00 AM/PM

ម៉ោង 3:00 ព្រឹក/ល្ងាច

Maong Bei Prik/Lngeach

It's 4:00 AM/PM

ម៉ោង 4:00 ព្រឹក/ល្ងាច

Maong Buon Prik/Lngeach

It's 5:00 AM/PM

ម៉ោង 5:00 ព្រឹក/ល្ងាច

Maong Bram Prik/Lngeach

It's 6:00 AM/PM

ម៉ោង 6:00 ព្រឹក/ល្ងាច

Maong Bram Muoy Prik/Lngeach

It's 7:00 AM/PM

ម៉ោង 7:00 ព្រឹក/ល្ងាច

Maong Bram Pi Prik/Lngeach

It's 8:00 AM/PM

ម៉ោង 8:00 ព្រឹក/ល្ងាច

Maong Bram Bei Prik/Lngeach

It's 9:00 AM/PM

ម៉ោង 9:00 ព្រឹក/ល្ងាច

Maong Bram Buon Prik/Lngeach

It's 10:00 AM/PM

ម៉ោង 10:00 ព្រឹក/ល្ងាច

Maong Dabb Prik/Lngeach

It's 11:00 AM/PM

ម៉ោង 11:00 ព្រឹក/ល្ងាច

Maong Dabb Muoy Prik/Lngeach

It's 12:00 AM/PM

ម៉ោង 12:00 ព្រឹក/ល្ងាច

Maong Dabb Pi Prik/Lngeach

in the morning

នៅពេលព្រឹក

Neou Pel Prik

in the afternoon

នៅពេលរសៀល

Neou Pel Ror Siel

in the evening

នៅពេលល្ងាច

Neou Pel Lngeach

at night

នៅពេលយប់

Neou Pel Yub

afternoon

រសៀល

Ror Siel

annual

ប្រចាំឆ្នាំ

Bra Cham Chhnam

calendar

ប្រតិទិន

Bra Te Tin

daytime

ពេលថ្ងៃ

Pel Thngai

decade

ទស្សវត្ស

Tuos Sa Woat

evening

ល្ងាច

Lngeach

hour

ម៉ោង

Maong

midnight

អាធ្រាត្រ

A Treat

minute

នាទី

Nea Ti

morning

ព្រឹក

Prik

month

ខែ

Khe

night

រាត្រី

Rea Trei

nighttime

ពេលរាត្រី

Pel Rea Trei

noon

រសៀល

Ror Siel

now

ឥឡូវ

E Lauw

o'clock

គត់

Kut

past

អតីត

Ak Deit

present

បច្ចុប្បន្ន

Pach Cho Bann

second

វិនាទី

Wi Nea Ti

sunrise

ព្រះអាទិត្យរះ

Preah A Tit Reah

sunset

ព្រះអាទិត្យលិច

Preah A Tit Lech

today

ថ្ងៃនេះ

Thngai Neh

tonight

យប់នេះ

Yubb Neh

tomorrow

ថ្ងៃស្អែក

Thngai Sa Ek

watch

នាឡិកា

Nea Le Ka

week

អាទិត្យ

A Tit

year

ឆ្នាំ

Chhnam

yesterday

ម្សិលមិញ

Msil Minh

Months of the Year
ខែនៃឆ្នាំ

Khe Ney Chhnam

January

មករា

Ma Ka Ra

February

កុម្ភៈ

Kum Pheak

March

មីនា

Mi Nea

April

មេសា

Me Sa

May

ឧសភា

O Sa Phea

June

មិថុនា

Mi Tho Na

July

កក្កដា

Kak Ka Da

August

កញ្ញា

Kanh Nha

September

សីហា

Sei Ha

October

តុលា

To La

November

វិច្ឆិកា

Wi Che Ka

December

ធ្នូ

Thnou

Days of the Week
ថ្ងៃនៃសប្តាហ៍

Thngai Ney Sab Bda

Monday

ចន្ទ

Chan

Tuesday

អង្គារ

Ang Kea

Wednesday

ពុធ

Puth

Thursday

ព្រហស្បតិ៍

Pror Hoas

Friday

សុក្រ

Sok

Saturday

សៅរ៍

Sao

Sunday

អាទិត្យ

A Tit

Seasons

រដូវ

Ror Dauw

winter

រដូវរងារ

Ror Dauw Ror Ngea

spring

របូវផ្ការីក

Ror Dauw Phka Rik

summer

របូវក្ដៅ

Ror Dauw Kdao

fall/autumn

របូវរំហើយ

Ror Dauw Rum Haey

Numbers
លេខ

Lekh

One (1)

មួយ

Muoy

Two (2)

ពីរ

Pi

Three (3)

បី

Bei

Four (4)

ប្លួន

Buon

Five (5)

ប្រាំ

Bram

Six (6)

ប្រាំមួយ

Bram Muoy

Seven (7)

ប្រាំពីរ

Bram Pi

Eight (8)

ប្រាំបី

Bram Bei

Nine (9)

ប្រាំបួន

Bram Buon

Ten (10)

ដប់

Dabb

Eleven (11)

ដប់មួយ

Dabb Muoy

Twelve (12)

ដប់ពីរ

Dabb Pi

Twenty (20)

ម្ភៃ

Mphey

Fifty (50)

ហាសិប

Ha Seb

Hundred (100)

មួយរយ

Muoy Roay

Thousand (1000)

មួយពាន់

Muoy Poan

Ten Thousand (10,000)

មួយម៉ឺន

Muoy Meun

One Hundred Thousand (100,000)

មួយរយពាន់

Muoy Roay Poan

Million (1,000,000)

មួយលាន

Muoy Lean

Billion (1,000,000,000)

មួយពាន់លាន

Muoy Poan Lean

Ordinal Numbers
លេខរៀង

Lekh Rieng

first

ទី 1

Ti Muoy

second

ទី 2

Ti Pi

third

ទី 3

Ti Bei

fourth

ទី 4

Ti Buon

fifth

ទី 5

Ti Bram

sixth

ទី 6

Ti Bram Muoy

seventh

ទី 7

Ti Bram Pi

eighth

ទី 8

Ti Bram Bei

ninth

ទី 9

Ti Bram Buon

tenth

ទី 10

Ti Dabb

eleventh

ទី 11

Ti Dabb Muoy

twelfth

ទី 12

Ti Dabb Pi

thirteenth

ទី 13

Ti Dabb Bei

twentieth

ទី 20

Ti Mphey

twenty-first

ទី 21

Ti Mphey Muoy

hundredth

ទី 100

Ti Muoy Rory

thousandth

ទី 1000

Ti Muoy Poan

millionth

ទី 1000000

Ti Muoy Lean

billionth

ទី 1 កោដិ

Ti Muoy Kaod

Geometric Shapes
រាងធរណីមាត្រ

Reang Thor Ra Ni Meat

angle

រ៉ែកង

Keng

circle

រង្វង់

Rung Wung

cone

សាជីមូល

Sa Chi Moul

cube

គូប

Koub

cylinder

ស៊ីឡាំង

Si Lang

heart

បេះដូង

Beh Doung

heptagon

សប្តកោណ

Sab Pak Kaon

hexagon

អរកោណ

Chhor Kaon

line

បន្ទាត់

Bann Toatt

octagon

អដ្ឋកោណ

Athak Kaon

oval

ពងក្រពើ

Porng Kra Peu

parallel lines

បន្ទាត់ស្រប

Bann Toatt Srab

pentagon

បញ្ចកោណ

Panh Chak Koan

perpendicular lines

បន្ទាត់កាត់កែង

Bann Toatt Katt Keng

polygon

ពហុកោណ

Peakk Hu Kaon

pyramid

ពីរ៉ាមីដ

Pi Ra Mid

rectangle

ចតុកោណ

Chak To Kaon

rhombus

ប្រលេឡូក្រាម

Bra Le Lau Kram

square

ការ៉េ

Ka Re

star

ផ្កាយ

Phkay

trapezoid

ចតុកោណព្នាយ

Chak To Kaon Phneay

triangle

ត្រីកោណ

Trei Kaon

vortex

កំនួប

Kum Nuob

Colors
ពណ៌

Poar

beige

ត្នោតខ្ចី

Tnaot Khchei

black

ខ្មៅ

Khmao

blue

ខៀវ

Khiew

brown

ត្នោត

Tnaot

fuchsia

ផ្កាម៉ាង 10

Phka Maong Dabb

gray

ប្រផេះ

Bra Pheh

green

បៃតង

Bai Tang

indigo

ខៀវបែកស្វាយ

Khiew Bek Sway

maroon

ឈាមជ្រូក

Chheam Chrouk

navy blue

ខៀវចាស់

Khiew Chass

orange

ទឹកក្រូច

Toek Krouch

pink

ផ្កាឈូក

Phka Chhouk

purple

ស្វាយបែកផ្កាឈូក

Sway Bek Phka Chhouk

red

ក្រហម

Kra Horm

silver

ទឹកប្រាក់

Tik Brakk

tan

ទង់ដែង

Tung Deng

---

teal

ហ្គិច

Hkech

---

turquoise

ទឹកសមុទ្រ

Tik Sa Mot

---

violet

ស្វាយ

Sway

---

white

ស

Sa

---

yellow

លឿង

Loeung

Related Verbs

កិរិយាស័ព្ទដែលទាក់ទង

Ke Ri Ya Sabb Del Teakk Torng

to add

បន្ថែម

Bann Them

to change

ផ្លាស់ប្ដូរ

Phlass Bdaur

to check

ត្រួតពិនិត្យ

Truot Pi Net

to color

ផាត់ពណ៌

Phatt Poar

to count

រាប់

Roab

to divide

បែងចែក

Beng Chek

to figure

គូរ

Kour

to fill

បំពេញ

Bam Penh

to guess

ប៉ាន់ស្មាន

Pann Sman

to measure

វាស់

Woas

to multiply

បញ្ចូលគ្នា

Banh Choul Khnea

to subtract

ដក

Dak

to take

យក

York

to tell time

មើលម៉ោង

Meul Maong

to verify

ផ្ទៀងផ្ទាត់

Phtieng Phtoat

to watch

មើល

Meul

2) Weather

2) អាកាសធាតុ

2) A Kas Sa Theat

air

ខ្យល់

Khchall

air pollution

ការបំពុលខ្យល់

Ka Bam Pul Khchall

atmosphere

បរិយាកាស

Pak Ri Ya Kas

avalanche

ផ្ទាំងទឹកកកអិលចុះពីភ្នំ

Phtang Tik Kak Ror El Choh Pi Phnum

barometer

ឧបករណ៍ស្ទង់អាកាសធាតុ

Ob Pak Ka Stung A Kas Sa Theat

barometric pressure

សំពាធបរិយាកាស

Sam Peath Pak Ri Ya Kas

blizzard

ព្យុះទឹកកក

Pyuh Tik Kak

breeze

ខ្យល់រំអើយ

Khchall Rum Pheuy

climate

អាកាសធាតុ

A Kas Sa Theat

cloud

ពពក

Por Pork

cold

ត្រជាក់

Tra Cheakk

cold front

បុព្វខ្យល់ត្រជាក់

Bub Peakk Khchall Tra Cheakk

condensation

កំណកទឹក

Kam Nak Tik

cool

ត្រជាក់

Tra Cheakk

cyclone

ព្យុះកំបុតក្បូង

Pyuh Kam Bot Tboung

degree

អង្សា

Ang Sa

depression

ទំនាប

Tum Neab

dew

ទឹកសន្សើម

Tik Son Saem

dew point

សីតុណ្ហភាពបង្កើតទឹកសន្សើម

Sei Ton Hak Pheap Bang Kaet Tik Son Saem

downpour

ភ្លៀងខ្លាំង

Phlieng Khlang

drift

រសាត់

Ra Satt

---

drizzle

រលឹមស្រិចៗ

Ror Lim Srech Srech

---

drought

រាំងស្ងួត

Rang Snguot

---

dry

ស្ងួត

Snguot

---

dust devil

ខ្យល់កួចតិចៗ

Khchall Kuoch Tech Tech

---

duststorm

ព្យុះខ្សាច់

Pyuh Khsach

---

easterly wind

ខ្យល់ធ្លាក់ពីកើត

Khchall Thlak Pi Kaet

---

evaporation

បង្ហួតទឹក

Bang Huot Tik

eye of the storm

ចំនុចព្យុះស្ងប់

Cham Noch Pyuh Sngabb

fair

ស្រឡះ

Sra Lah

fall

ធ្លាក់ខ្យល់

Thleakk Khchall

flash flood

ជំនន់ទឹកភ្លៀង

Chum Nunn Tik Phlieng

flood

ទឹកជំនន់

Tik Chum Nunn

flood stage

កម្រិតទឹកជំនន់

Kam Ret Tik Chum Nun

flurries (snow)

ខ្យល់ធ្លាក់ជាមួយព្រិល

Khchall Thleakk Chea Muoy Pril

fog

អ័ព្ទ

App

forecast

ព្យាករណ៍

Pyea Ka

freeze

កក

Kak

freezing rain

ភ្លៀងទឹកកក

Phlieng Tik Kak

front (cold/hot)

បុព្ទខ្យល់ (ត្រជាក់/ក្ដៅ)

Bub Pak Khchall (Tra Cheakk/ Kdao)

frost

កំណកសន្សើម

Kam Nak Sann Saem

funnel cloud

ពពកខ្យល់កួច

Por Pork Khchall Kuoch

global warming

ការឡើងកម្ដៅផែនដី

Ka Laeng Kam Dao Phen Dei

gust of wind

កំសួលខ្យល់

Kam Suol Khchall

hail

ធ្លាក់ព្រិល

Thleakk Pril

haze

ចុះអ័ព្ព

Choh App

heat

កម្ដៅ

Kam Dao

heat index

សន្ទស្សន៍កម្ដៅ

Sann Tuos Kam Dao

heat wave

រលកកម្ដៅ

Ror Lork Kam Dao

high

កម្រិតខ្ពស់

Kam Ret Khporss

humid

សើម

Saem

humidity

សំណើម

Sam Naem

hurricane

ព្យុះហារីខេន

Pyuh Heu Ri Khen

ice

ទឹកកក

Tik Kak

ice crystals

កម្ទេចទឹកកក

Kam Tich Tik Kak

ice storm

ព្យុះទឹកកក

Pyuh Tik Kak

icicle

ទឹកកករលាយ

Tik Kak Ror Leay

jet stream

ចរន្តខ្យល់

Cha Rann Khchall

landfall

បាក់ដី

Bakk Dei

lightning

ផ្លេកបន្ទោរ

Phlek Bann Tol

low

ទាប

Teab

low pressure system

ប្រព័ន្ធសម្ពាធទាប

Bra Poan Sam Peath Teab

meteorologist

ឧតុនិយមវិទូ

Ot To Ni Yum Wi Tou

meteorology

ឧតុនិយមវិទ្យា

O To Ni Yum Wi Tyea

microburst

ថាមពលខ្យល់បក់ចុះក្រោម

Tham Ma Pul Khchall Bakk Choh Kraom

mist

អ័ព្ទ

App

moisture

សំណើម

Sam Naem

monsoon

ខ្យល់មូសុង

Khchall Mau Song

muggy

ក្តៅស្ងួត

Kdao Snguot

nor'easter

ខ្យល់ព្យុះនិរអ៊ីស្តែរ

Khchall Pyuh Noar Is Stae

---

normal

ធម្មតា

Thoam Da

---

outlook

ព្យាករណ៍

Pyea Ka

---

overcast

ស្រទំ

Sra Tum

---

ozone

អូហ្សូន

Au Hsaun

---

partly cloudy

ពពកដុំៗ

Por Pork Dom Dom

---

polar

តំបន់ប៉ូល

Dam Bann Paul

---

pollutant

សារធាតុពុល

Sar Theat Pul

precipitation

បង្គំទឹកភ្លៀង/ព្រិល

Bang Kum Tik Phlieng / Pril

pressure

សម្ពាធ

Sam Peath

radar

រ៉ាដា

Ra Da

radiation

វិទ្យុសកម្ម

Wi Tyu Sa Kam

rain

ភ្លៀង

Phlieng

rainbow

ឥន្ទធនូ

Ent Nou

rain gauge

ឧបករណ៍វាស់កម្រិតទឹកភ្លៀង

Ob Pak Ka Woas Kam Ret Tik Phlieng

relative humidity

បរិមាណបង្អួតទឹកក្នុងខ្យល់

Pak Ri Man Bang Huot Tik Knong Khchall

sandstorm

ព្យុះខ្សាច់

Pyuh Khsach

season

រដូវ

Ror Dauw

shower

ភ្លៀងធ្លាក់

Phlieng Thleakk

sky

មេឃ

Mekh

sleet

ភ្លៀងលាយព្រិល

Phlieng Leay Pril

slush

ព្រិលរលាយ

Pril Ror Leay

smog

ផ្សែងអ័ព្ព

Phseng App

smoke

ផ្សែង

Phseng

snow

ព្រិល

Pril

snowfall

ធ្លាក់ព្រិល

Thleakk Pril

snowflake

គ្រាប់ព្រិល

Kroabb Pril

snow flurry

ព្រិលធ្លាក់ជាមួយខ្យល់

Pril Thleakk Chea Muoy Khchall

snow shower

ធ្លាក់ព្រិល

Thleakk Pril

snowstorm

ព្យុះទឹកកក

Pyuh Tik Kak

spring

រដូវផ្ការីក

Ror Dauw Phka Rik

storm

ព្យុះ

Pyuh

storm surge

កំណើនព្យុះ

Kam Naen Pyuh

stratosphere

ស្រទាប់បរិយាកាសទី២លើផែនដី

Sra Toabb Pak Ri Ya Kas Ti Pi Leu Phen Dei

summer

រដូវក្តៅ

Ror Dauw Kdao

sunrise

ថ្ងៃរះ

Thngai Reah

sunset

ថ្ងៃលិច

Thngai Lich

supercell

ព្យុះមានផ្គរនិងផ្លែកបន្ទោល

Pyuh Mean Phkor Ning Phlek Bann Tol

surge

ខ្ចោល

Khchol

swell

ប៉ោងឡើង

Paong Laeng

temperature

សីតុណ្ណភាព

Sei Ton Hak Pheap

thaw

រលាយ

Ror Leay

thermal

កម្ដៅ

Kam Dao

thermometer

ឧបករណ៍វាស់កម្ដៅ

Ob Pak Ka Woas Kam Dao

thunder

រន្ធះ

Run Teah

thunderstorm

ព្យុះរន្ធះ

Pyuh Run Teah

tornado

ព្យុះកួច

Pyuh Kuoch

trace

ដាន

Dan

tropical

នៃត្រូពិច

Ney Trau Pich

tropical depression

សម្ពាធត្រូពិច

Sam Peath Trau Pich

tropical storm

ព្យុះត្រូពិច

Pyuh Trau Pich

turbulence

ខ្យល់កួច

Khchall Kuoch

twister

ព្យុះកួច

Pyuh Kuoch

typhoon

ព្យុះទីហុង

Pyuh Ti Hwong

unstable

មិនទៀងទាត់

Min Tieng Toat

visibility

កំហើញ

Kum Heunh

vortex

ខ្យល់ក្តួច

Khchall Kuoch

warm

ក្តៅល្មម

Kdao Lmorm

warning

ការដាស់តឿន

Ka Dass Toeun

watch

ប្រយ័ត្ន

Bra Yatt

weather

អាកាសធាតុ

A Kas Sa Theat

weather pattern

លំនាំអាកាសធាតុ

Lum Noam A Kas Sa Theat

weather report

របាយការណ៍អាកាសធាតុ

Ra Bay Ka A Kas Sa Theat

weather satellite

ផ្កាយរណបធាតុអាកាស

Phkay Ror Nab Theat A Kas

westerly wind

ខ្យល់បក់ពីលិច

Khchall Bakk Pi Lich

whirlwind

ខ្យល់កួច

Khchall Kuoch

wind

ខ្យល់

Khchall

wind chill

ខ្យល់ត្រជាក់

Khchall Tra Cheakk

winter

រដូវរងារ

Ror Dauw Ror Ngea

Related Verbs
កិរិយាស័ព្ទដែលទាក់ទង

Ke Ri Ya Sabb Del Teakk Torng

to blow

បក់

Bakk

---

to clear up

ធ្វើឱ្យស្រឡះ

Thweu Aoy Sra Lah

---

to cool down

ធ្វើឱ្យត្រជាក់

Thweu Aoy Tra Cheakk

---

to drizzle

រលឹមស្រិចៗ

Ror Lim Srech Srech

---

to feel

មានអារម្មណ៍

Mean A Ram

---

to forecast

ប៉ាន់ស្មាន

Pann Sman

---

to hail

ធ្លាក់ព្រិល

Thleakk Pril

to rain

ធ្លាក់ភ្លៀង

Thleakk Phlieng

to report

រាយការណ៍

Reay Ka

to shine

រះ

Reah

to snow

ធ្លាក់ព្រិល

Thleakk Pril

to storm

ធ្លាក់ព្យុះ

Thleakk Pyuh

to warm up

កម្ដៅ

Kam Dao

to watch

ប្រុងប្រយ័ត្ន

Brong Bra Yatt

3) People

3) មនុស្ស

3) Mnus

athlete

អត្តពលិក

A Tak Porl Lik

baby

ទារក

Tea Rork

boy

ក្មេងប្រុស

Kmeng Bros

boyfriend

មិត្តប្រុស

Mit Bros

brother

បង/ប្អូនប្រុស

Bang/Pa Aun Bros

brother-in-law

បង/ប្អូនប្រុសថ្លៃ

Bang/Pa Aun Bros Thlai

businessman

ពាណិជ្ជករ

Pea Nech Ka

candidate

បេក្ខជន

Pekh Chorn

child/children

កូនក្មេង

Kaun Kmeng

coach

គ្រូបង្វឹក

Krou Bang Vik

cousin

បង/ប្អូនជីដូនមួយ

Bang/Pa Aun Chi Daun Muoy

customer

អតិថិជន

A Te The Chorn

daughter

កូនស្រី

Kaun Srei

daughter-in-law

កូនប្រសារស្រី

Kaun Bra Sar Srei

driver

អ្នកបើកបរ

Neakk Baek Ba

family

គ្រួសារ

Kruo Sa

farmer

កសិករ

Ka Se Kar

father/dad

ឪពុក

Ov Puk

father-in-law

ឪពុកក្មេក

Ov Puk Kmek

female

ភេទស្រី

Phet Srei

friend

មិត្ត

Mit

girl

ក្មេងស្រី

Kmeng Srei

girlfriend

មិត្តស្រី

Mit Srei

godparents

ឪពុកម្ដាយធម៌

Ov Puk Mday Thoar

grandchildren

ចៅ

Chao

granddaughter

ចៅស្រី

Chao Srei

grandfather

តា

Ta

grandmother

យាយ

Yeay

grandparents

តាយាយ

Ta Yeay

grandson

ចៅប្រុស

Chao Bros

husband

ប្ដី

Pdei

instructor

គ្រូ

Krou

kid

ក្មេង

Kmeng

king

ស្ដេច

Sdech

male

អាទ្រ្បុស

Phet Bros

man

បុរស

Bo Ros

mother/mom

ម្ដាយ/ម៉ាក់

Mday/Makk

mother-in-law

ម្ដាយក្មេក

Mday Kmek

nephew

ក្មួយប្រុស

Kmuoy Bros

niece

ក្មួយស្រី

Kmuoy Srei

parent

ឪពុក/ម្ដាយ

Ov Puk/Mday

people

មនុស្ស

Mnus

princess

ព្រះនាង

Preah Neang

queen

ម្ចាស់ក្សត្រី

Mchass Ksat Trei

rock star

តារាចម្រៀងរ៉ុក

Da Ra Cham Rieng Rok

sister

បង/ប្អូនស្រី

Bang/Pa Aun Srei

sister-in-law

បង/ប្អូនស្រីថ្លៃ

Bang/ Pa Aun Srei Thlai

son

កូនប្រុស

Kon Bros

son-in-law

កូនប្រសារប្រុស

Kon Bra Sa Bros

student

សិស្ស

Soes

teenager

យុវវ័យ

Yu Veak Vey

tourist

អ្នកទេសចរណ៍

Neak Tes Char

wife

ប្រពន្ធ

Bra Pun

woman

ស្រី្ត

Strei

youth

យុវជន

Yu Veak Chun

Characteristics
ចរិតលក្ខណៈ

Chak Rit Leakh Nak

attractive

ទាក់ទាញ

Teakk Teanh

---

bald

ត្រងោល

Tra Ngaol

---

beard

ពុកចង្ការ

Puk Chang Ka

---

beautiful

ស្រស់ស្អាត

Srass Sa At

---

black hair

សក់ខ្មៅ

Sakk Khmao

---

blind

ខ្វាក់

Khvakk

---

blond

ពណ៌ទង់ដែង

Poar Tung Deng

blue eyes

ភ្នែកពណ៌ខៀវ

Phnek Poar Khiev

brown eyes

ភ្នែកពណ៌ត្នោត

Phnek Poar Tnaot

brown hair

សក់ពណ៌ត្នោត

Sakk Poar Tnaot

brunette

ស្ត្រី/ក្មេងស្រីសម្បុរសមានសក់ពណ៌ខ្មៅ

Strei/Kmeng Srei Sam Bol Sa Mean Sakk Poar Khmao

curly hair

សក់រួញ

Sakk Ruonh

dark

ខ្មៅ

Khmao

deaf

ថ្លង់

Thlang

divorced

លែងលះ

Leng Leah

elderly

មនុស្សចាស់

Mnus Chass

fair (skin)

ស្បែកស

Sbek Sa

fat

ធាត់

Thoatt

gray hair

សក់ពណ៌ប្រផេះ

Sakk Poar Bra Pheh

green eyes

ភ្នែកពណ៌បៃតង

Phnek Poar Bai Tang

handsome

សង្ហា

Sang Ha

hazel eyes

ភ្នែកពណ៌ខៀវក្រម៉ៅ

Phnek Poar Khiev Kra Mao

heavyset

មានមាឌធំមាំ

Mean Mead Tham Moam

light brown

ពណ៌ត្នោតខ្ចី

Poar Tnaot Khchei

long hair

សក់វែង

Sakk Veng

married

រៀបការរួច

Rieb Ka Ruoch

mustache

ពុកមាត់

Puk Moatt

old

ចាស់

Chass

olive

ពណ៌ផ្លែអូលីវ

Poar Phle Au Liw

overweight

ធាត់ខ្លាំង

Thaott Khlang

pale

ស្លេក

Slek

petite

តូច

Tauch

plump

ធាត់

Thoatt

pregnant

មានផ្ទៃពោះ

Mean Phtey Puoh

red head

សក់ក្រហមធ្នោត

Sakk Kra Ham Tnaot

short

ទាប

Teab

short hair

សក់ខ្លី

Sakk Khlei

skinny

ស្គមខ្លាំង

Skorm Khlang

slim

រាងស្ដើង

Reang Sdaeng

stocky

មាឌធាំង

Mead Dang

straight hair

សក់ត្រង់

Sakk Trang

tall

ខ្ពស់

Kporss

tanned

សម្បុរដាំដែង

Sam Bol Dam Deng

thin

ស្គម

Skorm

wavy hair

សក់ក្រាស់

Sakk Krass

well built

មាឌល្មម

Mead Lmorm

white

ស

Sa

young

វ័យក្មេង

Vey Kmeng

Stages of Life
ដំណាក់កាលនៃជីវិត

Dam Nakk Kal Ney Chi Vet

adolescence

វ័យជំទង់

Vey Chum Tung

adult

មនុស្សពេញវ័យ

Mnus Penh Vey

anniversary

បុណ្យខួប

Bon Khuob

birth

កំណើត

Kam Naet

death

មរណភាព

Ma Ra Nak Pheap

divorce

លែងលះ

Leng Leah

elderly

មនុស្សចាស់

Mnus Chass

graduation

ចប់ការសិក្សា

Chabb Ka Sek Sa

infant

ទារក

Tea Rak

marriage

រៀបការ

Rieb Ka

middle aged

វ័យកណ្ដាល

Vey Kann Dal

newborn

កូនទើបកើត

Kon Teub Kaet

preschooler

ក្មេងមត្តេយ្យ

Kmeng Mtey

preteen

ក្មេងជំទង់

Kmeng Chum Tung

senior citizen

ពលរដ្ឋដើម

Pul Roat Daem

teenager

យុវវ័យ

Yu Vak Vey

toddler

ក្មេងអាយុពី ២ ដល់ ៣ ឆ្នាំ

Kmeng A Yu Pi Pi Dall Bei Chhnam

tween

ក្មេងអាយុពី ១០ ដល់ ១២ ឆ្នាំ

Kmeng A Yu Pi Dabb Dall Dabb Pi Chhnam

young adult

មនុស្សពេញវ័យក្មេង

Mnus Penh Vey Kmeng

youth

យុវជន

Yu Veak Chun

Religion

សាសនា

Sas Sna

AtheistAgnostic

បុគ្គលមិនជឿលើអាទិទេព

Bokul Men Choeu Leu Aa Ti Tep

Baha'i

សាសនាបាហាអ៊ី (Baha'i)

Sas Sna Ba Ha I

Buddhist

អ្នកកាន់ពុទ្ធសាសនា

Neak Kann Puth Sas Sna

Christian

អ្នកកាន់សាសនាគ្រិស្ត

Neak Kann Sas Sna Krist

Hindu

អ្នកកាន់សាសនាហិណ្ឌូ

Neak Kann Sas Sna Hindou

Jewish

អ្នកកាន់សាសនាជ្វីស

Neak Kann Sas Sna Chouvis

Muslim

អ្នកកាន់សាសនាមូស្លីម

Neak Kann Sas Sna Mouslim

Sikh

អ្នកកាន់សាសនាស៊ីខ

Neak Kann Sas Sna Sik

Work
ការងារ

Kar Ngear

accountant

គណនេយ្យករ

Ka Neak Ney Kar

actor

តារាសម្ដែងប្រុស

Dara Sam Deng Bros

associate

មិត្តភ័ក្តិ

Mit Pheak

astronaut

អវកាសចរ

Av Kas Char

banker

បុគ្គលិកធនាគារ

Bok Klik Thor Nea Kear

butcher

អ្នកលក់សាច់

Neak Luok Sach

carpenter

ជាងឈើ

Cheang Chheu

chef

ចុងភៅ

Chong Pheou

clerk

ស្មៀន

Smien

composer

អ្នកតែងភ្លេង

Neak Teng Phleng

custodian

អ្នកការពារ

Neak Kar Pear

dentist

ទន្តបណ្ឌិត

Toan Baan Dit

doctor

វេជ្ជបណ្ឌិត

Vech Baan Dit

electrician

ជាងអគ្គីសនី

Cheang A Kis Sni

executive

នាយកប្រតិបត្តិ

Nea Yuok Bra Ti Baat

farmer

កសិករ

Ka Si Kar

fireman

អ្នកពន្លត់អគ្គីភ័យ

Neak Pun Lut A Ki Phey

handyman

ជាងជួសជុលពហុជំនាញ

Cheang Chuos Chul Peak Hu Chum Neanh

judge

ចៅក្រម

Chao Kram

landscaper

អ្នកថែសួន

Neak The Suon

lawyer

មេធាវី

Me Thea Vi

librarian

បណ្ណារក្ស

Baan Na Reak

manager

អ្នកគ្រប់គ្រង

Neak Krub Krorng

model

អ្នកបង្ហាញម៉ូដ

Neak Baang Hanh Maud

notary

សារការី

Sar Ka Rei

nurse

គិលានុបដ្ឋាយិកា

Ki Lea Nub Thak Yi Ka

optician

អ្នកលក់/ធ្វើដ៏នតា

Neak Luok/Thveu Ven Ta

pharmacist

ឱសថការី

Ua Saat Ka Rei

pilot

អ្នកបើកបរយន្តហោះ/នាវា

Neak Baek Bar Yun Hoh

policeman

ប៉ូលីស

Pau Lis

preacher

អ្នកទេសនា

Neak Tes Sna

president

ប្រធានាធិបតី

Bra Thea Nea Thib Dei

representative

អ្នកតំណាង

Neak Dam Nang

scientist

អ្នកវិទ្យាសាស្ត្រ

Neak Vi Tyea Sas

secretary

លេខា

Lekha

singer

អ្នកចម្រៀង

Neak Cham Rieng

soldier

ទាហាន

Tea Hean

teacher

គ្រូបង្រៀន

Krou Baang Rien

technician

អ្នកបច្ចេកទេស

Neak Pa Chek Tes

treasurer

ហិរញ្ញិក

He Raanh Nhik

writer

អ្នកនិពន្ធ

Neak Ni Pun

zoologist

អ្នកសត្វសាស្ត្រ

Neak Sat Sas

Related Verbs

កិរិយាស័ព្ទដែលទាក់ទង

Ke Ri Ya Saab Del Teak Torng

to deliver

ចែកចាយ

Chek Chay

to enjoy

ចូលរួមសប្បាយ

Chaul Ruom Sab Bay

to grow

លូតលាស់

Lout Lors

to laugh

សើច

Saech

to love

ស្រឡាញ់

Sra Laanh

to make

ធ្វើ/បង្កើត

Thveu / Baang Kaet

to manage

គ្រប់គ្រង

Krub Krorng

to repair

ជួសជុល

Chuos Chul

to serve

បម្រើ

Bam Rae

to sing

ច្រៀង

Chrieng

to smile

ញញឹម

Nhor Nhim

to talk

និយាយ

Ni Yeay

to think

គិត

Kit

to work

ធ្វើការ

Thveu Kar

to work at

ធ្វើការនៅ

Thveu Kar Neou

to work for

ធ្វើការឱ្យ

Thveu Kar Aoy

to work on

ធ្វើការលើ

Thveu Kar Leu

to worship

គោពប្ជា

Ko Rub Bau Chea

to write

សររសរ

Sar Ser

4) Parts of the Body

4) ផ្នែកនៃរាងកាយ

4) Phnek Ney Reang Kay

ankle

អង្គកគោល

Phnek Kol

arm

ដៃ

Dai

back

ខ្នង

Khnang

beard

ពុកចង្ការ

Puk Chaang Kar

belly

ក្បាលពោះ

Kbal Puoh

blood

ឈាម

Chheam

body

រាងកាយ

Reang Kay

bone

ឆ្អឹង

Chha Oeng

brain

ខួរក្បាល

Khuo Kbal

breast

សុដន់

So Dann

buttocks

គូទ

Kout

calf

កំភួនជើង

Kam Phuon Cheung

cheek

ថ្ពាល់

Thpoal

chest

ទ្រូង

Troung

chin

ចង្ការ

Chang Kar

ear

ត្រចៀក

Tra Chiek

elbow

កែងដៃ

Keng Dai

eye

ភ្នែក

Phnek

eyebrow

ចិញ្ចើម

Chenh Chaem

eyelash

រោមភ្នែក

Rom Phnek

face

មុខ

Mukh

finger

ម្រាមដៃ

Mream Dai

finger nail

ក្រចកដៃ

Kra Chak Dai

fist

ប្រអប់ដៃ

Bra Abb Dai

flesh

សាច់

Sach

foot/feet

ប្រអប់ជើង

Bra Abb Cheung

forearm

កំភួនដៃ

Kam Phuon Dai

forehead

ថ្ងាស

Thngas

hair

សក់

Sakk

hand

ដៃ

Dai

head

ក្បាល

Kbal

heart

បេះដូង

Beh Daung

heel

កែងជើង

Keng Cheung

hip

ត្រគាក

Tra Keak

jaw

ថ្គាម

Thkeam

---

knee

ជង្គង់

Chung Kung

---

leg

ជើង

Cheung

---

lips

បបូរមាត់

Ba Baur Moat

---

moustache

ពុកមាត់

Puk Moat

---

mouth

មាត់

Moat

---

muscle

សាច់ដុំ

Sach Dom

---

nail

ក្រចក

Kra Chak

---

neck

ក

Ka

---

nose

ច្រមុះ

Chra Muh

---

nostril

រន្ធច្រមុះ

Run Chra Muh

---

palm

បាតដៃ

Bat Dai

---

shin

ស្មងជើង

Smang Cheung

---

shoulder

ស្មា

Sma

---

skin

ស្បែក

Sbek

spine

ឆ្អឹងទ្រនុងខ្នង

Chha Oeng Tror Nung Khnang

stomach

ពោះ/ក្រពះ

Puoh / Kra Peah

teeth/tooth

ធ្មេញ

Thmenh

thigh

ភ្លៅ

Pleou

throat

បំពង់ក

Bam Pung Ka

thumb

មេដៃ

Me Dai

toe

មេជើង

Me Cheung

toenail

ក្រចកមេជើង

Kra Chak Me Cheung

tongue

អណ្ដាត

Ann Dat

underarm

ក្លៀក

Khliek

waist

ចង្កេះ

Chang Kes

wrist

កដៃ

Ka Dai

Related Verbs

កិរិយាស័ព្ទដែលទាក់ទង

Ke Ri Ya Sabb Del teakk Torng

to exercise

ហាត់ប្រាណ

Hatt Bran

to feel

មានអារម្មណ៍

Mean A Ramm

to hear

លឺ

Leu

to see

ឃើញ

Kheunh

to smell

ធុំក្លិន

Thum Khlen

to taste

ភ្លក់រសជាតិ

Phluok Rors Cheat

to touch

ប៉ះ/ស្ទាប

Pah / Steab

5) Animals

5) សត្វចតុបាទ

5) Satt Chakk To Bat

alligator

ក្រពើ

Kra Pea

anteater

អង់ទាទ័រ

Ang Tea Toar

antelope

ប្រើស

Braes

ape

ស្វាឳ

Sva Ov

armadillo

អាម៉ាឌីឡូ

A Ma Di Lo

baboon

ស្វាអង្គត់

Sva Ang Kutt

bat

ប្រជៀវ

Bra Chiev

bear

ខ្លាឃ្មុំ

Khla Khmum

beaver

កាស្ទ័រ

Ka Stoar

bison

គោព្រៃ

Ko Prey

bobcat

ឆ្មាព្រៃ

Chhma Prey

camel

អូដ្ឋ

Aut

caribou

រមាំង

Ror Mang

cat

ឆ្មា

Chhma

chameleon

បង្កួយព្រៃ

Bang Kuoy Prey

cheetah

ខ្លារខិន

Khla Ror Khen

chipmunk

កណ្ដុរជីបម៉ាំង

Kan Dol Chib Mang

cougar

ខ្លាកូហ្គា

Khla Kau Hko

cow

គោ

Ko

coyote

ឆ្កែចចក

Chhke Cha Chak

crocodile

ក្រពើ

Kra Pae

deer

ក្តាន់

Kdann

dinosaur

ដាយណូស័រ

Dai Nau Soar

dog

ឆ្កែ

Chhke

donkey

លា

Lea

elephant

ដំរី

Dam Rei

emu

បក្សីអ៊ីមូ (នៅអូស្ត្រាលី)

Bakk Sei I Mau (Neou Aus Stra li)

ferret

ឆ្មាទឹក

Chhma Tik

---

fox

កញ្ជ្រោង

Kanh Chhrorng

---

frog

កង្កែប

Kang Keb

---

gerbil

កណ្ដុរហ្គីប៊ីល

Kan Dol Hkeu Bil

---

giraffe

សត្វកអែង

Satt Ka Veng

---

goat

ពពែ

Por Pe

---

gorilla

ស្វាឱអាប្រិក

Sva Ov Aa Hwrik

groundhog

កណ្ដុរវ៉ែប្រ

Kann Dol Prey

guinea pig

កណ្ដុរហ្គីនៃ

Kann Dol Hki Nie

hamster

កណ្ដុរហេមស្ទ័រ

Kann Dol Hem Stoar

hedgehog

កណ្ដុរហេចហាក

Kann Dol Hech Hak

hippopotamus

ដំរីទឹក

Dam Rei Tik

horse

សេះ

Seh

iguana

ត្រកួត

Tra Kuot

kangaroo

កង់គូរ

Kang Kou Rou

lemur

ស្វាលីម័រ

Sva Li Moar

leopard

ខ្លាដំបង

Khla Dam Bang

lion

តោ

Tao

lizard

ជីងចក់

Ching Chakk

llama

អូដ្ឋឡាម៉ា

Aut La Ma

meerkat

ស្វាម៉េៀយែត

Sva Mie Khet

mouse/mice

កណ្ដុរ

Kann Dol

mole

កណ្ដុរម៉ូល

Kann Dol Maul

monkey

ស្វា

Sva

moose

រម៉ាំង

Ror Moang

mouse

កណ្ដុរ

Kan Dol

otter

ភេ

Phe

panda

ខ្លាឃ្មុំផេនដា

Khla Khmum Phen Da

panther

ខ្លាខ្មៅ

Khla Khmao

pig

ជ្រូក

Chrouk

platypus

ទាក្ភ្លែតធីភឺស

Tea Phlet Thi Pheus

polar bear

ខ្លាឃ្មុំទឹកកក

Khla khmum Tik Kak

porcupine

កាំប្រម៉ា

Kam Bra Ma

rabbit

ទន្សាយ

Tun Say

raccoon

ខ្លាឃ្មុំរ៉ាកឃូន

Khla Khmum Rek Khoun

rat

កណ្ដុរ

Kann Dol

rhinoceros

រមាស

Ror Meas

sheep

ចៀម

Chiem

skunk

ស្កុង

Skong

sloth

ស្វាស្លុធ

Sva Sloth

snake

ពស់

Porss

squirrel

កំប្រុក

Kam Brok

tiger

ខ្លា

Khla

toad

គីង្គក់

King Kuok

turtle

អណ្ដើក

Ann Daek

walrus

អាសមុទ្រ

Phe Sa Mot

warthog

ជ្រូកព្រៃ

Chrouk Prey

weasel

ស្កា

Ska

wolf

ចចក

Cha Chak

zebra

សេះបង្កង់

Seh Bang Kang

Birds
បក្សី

Bakk Sei

canary

ចាបពណ៌លឿង

Chab Por Loeung

chicken

មាន់

Moan

crow

ក្អែក

Ka Ek

dove

ព្រាប

Preab

duck

ទា

Tea

eagle

ឥន្ទ្រី

In Tri

falcon

ស្ដាំង

Stoang

flamingo

ក្រៀល

Kriel

goose

ក្ងាន

Kngan

hawk

ស្ដាំង

Stoang

hummingbird

ចាបចំពុះវែង

Chab Cham Pus Veng

ostrich

អូទ្រីស

Au Tris

owl

ទីទុយ

Ti Tuy

parrot

សេក

Sek

peacock

ក្ងោក

Kngaok

pelican

ទុង

Tung

pheasant

មាន់ព្រៃ

Moan Prey

pigeon

ព្រាប

Preab

robin

ចាបទ្រូងក្រហម

Chab Troung Kra Ham

rooster

មាន់ឈ្មោល

Moan Chhmol

sparrow

ចាប

Chab

swan

ហង្ស

Hang

turkey

មាន់បារាំង

Moan Ba Roang

Water/Ocean/Beach

ទឹក/មហាសមុទ្រ/ឆ្នេរសមុទ្រ

Tik / Mor Ha Sa Mut / Chhne Sa Mut

bass

ត្រីបាស

Trei Bas

catfish

ត្រីឆ្លាំង

Trei Chhloang

clam

លាសសមុទ្រ

Leas Sa Mut

crab

ក្តាម

Kdam

goldfish

ត្រីកន្ទុយបី

Trei Kann Tuy Bei

jellyfish

ខ្ងែសមុទ្រ

Khnhe Sa Mut

lobster

បង្កង

Bang Kang

mussel

គ្រុំចំពុះទា

Krum Cham Puh Tea

oyster

ងាវសមុទ្រ

Ngeav Sa Mut

salmon

ត្រីសាលម៉ុង

Trei Sal Mong

shark

ត្រីឆ្លាម

Trei Chhlam

trout

ត្រីព្រួល

Trei Pruol

tuna

ត្រីធូណា

Trei Thou Na

whale

ត្រីបាឡែន

Trei Ba Len

Insects
សត្វល្អិត

Sat La Et

ant

ស្រមោច

Sra Maoch

bee

ឃ្មុំ

Khmum

---

beetle

កំពែញ

Kanh Che

---

butterfly

មេអំបៅ

Me Am Bao

---

cockroach

កន្លាត

Kan Lat

---

dragonfly

កន្ធុរយ

Kan Tum Ruy

---

earthworm

ជន្ឡែន

Chun Len

---

flea

ថៃ

Chai

---

fly

រុយ

Ruy

gnat

មមង់

Mor Mung

grasshopper

កណ្ដូប

Kann Daub

ladybug

អណ្ដើកមាស

Ann Daek Meas

moth

ខ្មូត

Khmaut

mosquito

មូស

Mous

spider

ពីងពាង

Ping Peang

wasp

ឪម៉ាល់

Ov Mall

Related Verbs

កិរិយាស័ព្ទដែលទាក់ទង

Ke Ri Ya Sabb Del teakk Torng

to eat

ញ៉ាំ

Nham

---

to bark

ព្រុស

Prus

---

to chase

ដេញ

Denh

---

to feed

ឱ្យចំណី

Aoy Cham Nei

---

to hibernate

ពួនសម្ងំ

Puon Sam Ngam

---

to hunt

ដេញចាប់

Denh Chabb

to move

អីកន្លែង

Reu Kann Leng

to perch

ទំ

Tum

to prey

ដាក់នុយ

Dakk Nuy

to run

រត់

Rutt

to swim

ហែលទឹក

Hel Tik

to wag

បក់

Bakk

to walk

ដើរ

Daer

6) Plants and Trees

6) រុក្ខជាតិ និងដើមឈើ

6) Ruk Khak Cheat Ning Daem Cheu

acacia

ដើមអាកាស៊ុំ

Daem A Ka Si

acorn

ផ្លែសែន

Phle Sen

annual

ផ្កាដុះតែមួយឆ្នាំ

Phka Doh Te Muoy Chhnam

apple tree

ដើមប៉ោម

Daem Paom

bamboo

ដើមបបុស្សី

Daem Reus Sei

bark

សំបកឈើ

Sam Bak Chheu

bean

សណ្ដែក

San Dek

berry

បេរី

Be Ri

birch

ដើមប៉ិច

Daem Beuch

blossom

ផ្ការីក

Pka Rik

branch

មែក

Mek

brush

ដុស/ព្រៃរបោះ

Dos / Prey Ror Boh

bud

ត្រួយផ្កា

Truoy Pka

bulb

មើម

Meum

bush

គុម្ពោត

Kum Pot

cabbage

ស្ពៃក្ដោប

Spey Kdaob

cactus

ដើមដំបងយក្ស

Daem Dam Bang Yeakk

carnation

ផ្កាខារណេសិន

Pka Kha Ne Sen

cedar

ស៊ីដា

Si Da

cherry tree

ដើមឆឺរី

Daem Chhoar Ri

chestnut

ផ្លែកៅឡាក់

Ple Kao Lakk

corn

ពោត

Pot

cypress

ដើមស្រល់ចិន

Daem Srall Chen

deciduous

ដើមឈើជ្រុះស្លឹកតាមរដូវ

Daem Chheu Chruh Slik Tam Ror Dauw

dogwood

ផ្កាដក្វូដ

Pka Dak Woud

eucalyptus

ដើមប្រេងខ្យល់

Daem Breng Khyall

evergreen

ដើមឈើដុះពេញមួយឆ្នាំ/មានស្លឹកពណ៌បៃតង

Daem Chheu Dos Penh Muoy Chhnam / Mean Slik Poar Bai Tang

fern

បណ្ដុជាតិ

Pa Nang Cheat

fertilizer

ជី

Chi

fir

ដើមស្ងោរ

Daem Sngaw

flower

ផ្កា

Phka

foliage

ស្លឹកឈើ (ទាំងដើម)

Slik Chheu (Toang Daem)

forest

ព្រៃឈើ

Prey Chheu

fruit

ផ្លែឈើ

Phle Chheu

garden

សួនច្បារ

Suon Chbar

---

ginko

ដើមជីងកូ

Daem Ching Kau

---

grain

ធញ្ញជាតិ

Thunh Cheat

---

grass

ស្មៅ

Smao

---

hay

ចំបើង

Cham Baeng

---

herb

តិណជាតិ

Ten Cheat

---

hickory

ដើមហ៊ិកខូរី

Daem Hik Khau Ri

ivy

វល្លិ៍

Voar

juniper

ដើមជួនីភើ

Daem Chou Ni Pheu

kudzu

ប្រៃកុតហ្សុ

Prey Kut Hsu

leaf/leaves

ស្លឹកឈើ

Slik Chheu

lettuce

សាឡាដ

Sa Lad

lily

ព្រលិត

Pror Lit

magnolia

ចំប៉ា

Cham Pa

maple tree

ដើមម៉េបផល

Daem Meb Phal

moss

ស្លែ

Sle

nut

គ្រាប់ណាត់

Krabb Natt

oak

ដើមអុក

Daem Auk

palm tree

ដើមដូងសមុទ្រ

Daem Daung Sa Mut

pine cone

ផ្កាស្រល់

Pka Srall

pine tree

ដើមស្រល់

Daem Srall

plant

រុក្ខជាតិ

Ruk Khakk Cheat

peach tree

ដើមផ្លែប៉េស

Daem Phle Pes

pear tree

ដើមផ្លែសារី

Daem Phle Sa Ri

petal

ត្របកផ្កា

Tra Bak Pka

poison ivy

ដើមអាយវី

Daem Ay Vi

pollen

លម្អងផ្កា

Lum Ang Pka

pumpkin

ល្ពៅ

Lpeou

root

ឫស

Reus

---

roses

កុលាប

Ko Lab

---

sage

ជីអង្កាម

Chi Ang Kam

---

sap

វក្ករស

Ruk Khakk Rors

---

seed

គ្រាប់ពូជ

Krabb Pouch

---

shrub

គុម្ពឈើ

Kum Chheu

---

squash

ល្ពៅ

Lpeou

soil

ដី

Dei

stem

ឫស

Reus

thorn

បន្លា

Bann La

tree

ដើមឈើ

Daem Chheu

trunk

ដើម

Daem

vegetable

បន្លែ

Bann Le

vine

វល្លិ៍

Voar

weed

ស្មៅ

Smao

Related Verbs
កិរិយាស័ព្ទដែលទាក់ទង

Ke Ri Ya Sabb Del teakk Torng

to fertilize

ដាក់ជី

Dakk Chi

to gather

ប្រមូល

Bra Maul

to grow

ដុះ

Doh

to harvest

ប្រមូលផល

Bra Maul Phal

to pick

បេះ

Beh

to plant

ដាំ

Dam

to plow

ភ្ជួរ

Phchuor

to rake

រាស់

Roas

to sow

សាប

Sab

to spray

បាញ់ទឹក

Banh Tik

to water

ស្រោចទឹក

Sraoch Tik

to weed

ដក

Dak

7) Meeting Each Other
7) ការសន្ទនា

7) Kar San Tnea

Greetings/Introductions:

គារវកិច្ច/ការណែនាំ ៖

Kea Ra Veak Kech / Kar Ne Noam:

Good morning

អរុណសួស្តី

Arun Suo Sdei

Good afternoon

ទិវាសួស្តី

Ti Vea Suo Sdei

Good evening

សាយ័ណ្ហសួស្តី

Say Yoan Suo Sdei

Good night

រាត្រីសួស្តី

Rea Trei Suo Sdei

Hi

សួស្តី

Suo Sdey

Hello

ស្ួស្ដី

Suo Sdey

Have you met (name)?

តើអ្នកបានជួប (ឈ្មោះ) ដែរទេ?

Tae Neak Ban Chuob (Chhmuos) De Reu Te?

Haven't we met?

តើយើងធ្លាប់ជួបគ្នាពីមុនដែរទេ?

Tae Yeung Thloabb Chuob Khnea Pi Mun De Reu Te?

How are you?

តើអ្នកសុខសប្បាយជាទេ?

Tae Neak Sok Sab Bay Chea Te?

How are you today?

ថ្ងៃនេះ តើអ្នកសុខសប្បាយជាទេ?

Tngai Neh Tae Neak Sok Sab Bay Chea Te?

How do you do?

រីករាយដែលបានជួបអ្នក។

Rik Reay Del Ban Chuob Neak.

How's it going?

តើអ្នកសុខសប្បាយជាទេ?

Tae Neak Sok Sab Bay Chea Te?

I am (name)

ខ្ញុំឈ្មោះ (ឈ្មោះ)

Khnhom Chhmuos (Chhmuos)

I don't think we've met.

ខ្ញុំគិតថាយើងមិនធ្លាប់ជួបគ្នាពីមុនទេ។

Khnhom Kit Tha Yeung Min Thloabb Chuob Khnea Pi Mun Te.

It's nice to meet you.

ខ្ញុំរីករាយដែលបានជួបអ្នក។

Khnhom Rik Reay Del Ban Chuob Neak.

Meet (name)

ជួប (ឈ្មោះ)

Chuob (Chhmuos)

My friends call me (nickname)

មិត្តរបស់ខ្ញុំហៅខ្ញុំថា (ឈ្មោះហៅក្រៅ)

Mit Ror Bas Khnhom Hao Khnhom Tha (Chhmuos Hao Krao)

My name is (name)

ខ្ញុំឈ្មោះ (ឈ្មោះ)

Khnhom Chhmuos (Chhmuos)

Nice to meet you

ខ្ញុំសប្បាយចិត្តដែលបានជួបអ្នក

Khnhom Sab Bay Chet Del Ban Chuob Neak

Nice to see you again.

ខ្ញុំសប្បាយចិត្តដែលបានជួបអ្នកម្តងទៀត។

Khnhom Sab Bay Chet Del Ban Chuob Neak Mdang Tiet.

Pleased to meet you.

ខ្ញុំសប្បាយចិត្តដែលបានជួបអ្នក។

Khnhom Sab Bay Chet Del Ban Chuob Neak

This is (name)

នេះគឺ (ឈ្មោះ)

Neh Keu (Chhmuos)

What's your name?

តើអ្នកឈ្មោះអ្វី?

Tae Neak Chnmuos Avei?

Who are you?

តើអ្នកជានរណា?

Tae Neak Chea Nor Na?

Greeting Answers
ការឆ្លើយគួរសម

Ka Chhlaey Kuor Sam

Fine, thanks

មិនអីទេ អរគុណ

Min Ei Te Ar Kun

I'm exhausted

ខ្ញុំអស់កម្លាំងណាស់

Khnhom Ass Kam Lang Nass

I'm okay

ខ្ញុំមិនអីទេ

Khnhom Min Ei Te

I'm sick

ខ្ញុំឈឺ

Khnhom Chheu

I'm tired

ខ្ញុំហត់នឿយ

Khnhom Hatt Noeuy

Not too bad

មិនសូវជាអាក្រក់ប៉ុន្មានទេ

Min Sauw Chea Aa Krakk Pon Man Te

Not too well, actually

តាមពិតទៅមិនសូវល្អប៉ុន្មានទេ

Tam Pit Teou Min Sauw Laor Pon Man Te

Very well

ល្អណាស់

Laor Nass

Saying Goodbye

ការពោលពាក្យលា

Kar Pol Peak Lea

Bye

លាហើយ

Lea Haey

Good bye

លាហើយ

Lea Haey

Good night

រាត្រីសួស្តី

Rea Trei Suo Sdei

See you

ជួបគ្នាពេលក្រោយ

Chuob Khnea Pel Kraoy

See you later

ជួបគ្នាពេលក្រោយ

Chuob Khnea Pel Kraoy

See you next week

ជួបគ្នាសប្តាហ៍ក្រោយ

Chuob Khnea Sab Bdah Kraoy

See you soon

ជួបគ្នាឆាប់ៗនេះ

Chuob Khnea Chhabb Chhabb Neh

See you tomorrow

ជួបគ្នាថ្ងៃស្អែក

Chuob Khnea Thngai Sa Ek

Courtesy
ការគួរសម

Kar Kuor Sam

Excuse me

សូមអភ័យទោស

Saum A Phey Tos

Pardon me

សុំម្ដងទៀត

Som Mdang Teat

I'm sorry

ខ្ញុំសុំទោស

Khnhom Som Tos

Thanks

អរគុណ

Ar Kun

Thank you

អរគុណ

Ar Kun

You're welcome

ស្វាគមន៍

Sva Kum

Special Greetings
ការស្វាគមន៍ពិសេស

Kar Sva Kum Pi Ses

Congratulations

សូមអបអរសាទរ

Saum Ab Ar Sa Tor

Get well soon

សូមឱ្យឆាប់បានធូរស្រាល

Saum Aoy Chhabb Ban Thou Sral

Good luck

សំណាងល្អ

Sam Nang Laor

Happy New Year

សួស្តីឆ្នាំថ្មី

Suo Sdei Chhnam Thmei

Happy Easter

សួស្តីទិវាអ៊ីស្ទ័រ

Suo Sdei Ti Vea Is Stoar

Merry Christmas

រីករាយបុណ្យណូអែល

Rik Reay Bon Nau El

Well done

ធ្វើបានល្អ

Thveu Ban Laor

Related Verbs
កិរិយាស័ព្ទដែលទាក់ទង

Ke Ri Ya Sabb Del teakk Torng

to greet

ជម្រាបសួរ

Chum Reab Suor

to meet

ជួប

Chuob

to say

និយាយ

Ni Yeay

to shake hands

ចាប់ដៃ

Chabb Dai

to talk

និយាយ

Ni Yeay

to thank

អរគុណ

Ar Kun

8) House

8) គេហដ្ឋាន

8) Ke Hak Than

air conditioner

ម៉ាស៊ីនត្រជាក់

Ma Sin Tra Cheakk

appliances

ប្រដាប់ប្រើប្រាស់

Bra Dabb Brae Brass

attic

បន្ទប់នៅលើដំបូល

Ban Tub Nou Leu Dam Bol

awning

រនាំងបង្អួច

Ror Nang Bang Uoch

backyard

សំយ៉ាបផ្ទះ

Sam Yab Phteah

balcony

រានហាល

Rean Hal

basement

ជាន់ក្រោមដី

Choan Kraom Dei

bathroom

បន្ទប់ទឹក

Bann Tub Tik

bath tub

អាងងូតទឹក

Ang Ngout Tik

bed

គ្រែ

Kre

bedroom

បន្ទប់គេង

Bann Tub Keng

blanket

ភួយ

Phuoy

blender

ម៉ាស៊ីនក្រឡុក

Ma Sin Kra Lok

blinds

វាំងនន

Wang Norn

bookshelf/bookcase

ធ្នើសៀវភៅ

Thneu Siew Pheou

bowl

ចានគោម

Chan Kom

cabinet

ទូអីវ៉ាន់

Tou Ei Wann

carpet

ព្រំ

Prum

carport

រោងឡាន

Rong Lan

ceiling

ពិតាន

Pi Tan

cellar

បន្ទប់ក្រោមដី

Bann Tub Kraom Dei

chair

កៅអី

Kao Ei

chimney

បំពង់ផ្សែង

Bam Pung Phseng

clock

នាឡិកា

Nea Le Ka

closet

ទូខោអាវ

Tou Khao Aw

computer

កុំព្យូទ័រ

Kom Pyout Toar

couch

សាឡុង

Sa Long

counter

បញ្ជរ

Banh Chor

crib

គ្រែកូនក្មេង

Kre Kaun Khmeng

cupboard

ទូចាន

Tou Chan

cup

ពែង

Peng

curtain

វាំងនន

Vang Norn

desk

តុ

To

dining room

បន្ទប់អាហារ

Bann Tub A Har

dishes

ចាន

Chan

dishwasher

ម៉ាស៊ីនលាងចាន

Ma Sin Leang Chan

door

ទ្វារ

Tvear

doorbell

កណ្ដឹង

Kann Doeng

doorknob

ប្រដាប់កាន់បិទបើកទ្វារ

Bra Dabb Kann Bet Baek Twear

doorway

កន្លែងចេញចូលមានទ្វារ

Kan Leng Chenh Chaul Mean Twear

drapes

វាំងនន

Vang Norn

drawer

ថតតុ/ទូ

That To / Tou

---

driveway

ផ្លូវចូលផ្ទះ

Phlauw Chaul Phteah

---

dryer

ម៉ាស៊ីនសម្ងួត

Ma Sin Sam Nguot

---

duct

បំពង់/ទរទឹក

Bam Pung / Tor Tik

---

exterior

ផ្នែកខាងក្រៅ

Phnek Khang Kraow

---

family room

បន្ទប់សម្រាប់គ្រួសារ

Ban Tub Sam Rabb Kruo Sar

---

fan

កង្ហារ

Kang Har

---

faucet

ក្បាលម៉ាស៊ីនរ៉ូប៊ីណេ

Kbal Ma Sin Rau Bi Ne

fence

របង

Ror Bang

fireplace

ជើងក្រានកម្ដៅផ្ទះ

Cheung Kran Kam Dao Phteah

floor

ជាន់

Choan

foundation

គ្រឹះ

Kroes

frame

តម្រោង

Kum Rong

freezer

ម៉ាស៊ីនធ្វើឱ្យកក

Ma Sin Thweu Aoy Kak

furnace

ម៉ាស៊ីនកំដៅ

Ma Sin Kam Dao

furniture

គ្រឿងសង្ហារឹម

Kroeung Sang Ha Rim

garage

យានដ្ឋាន

Yean Than

garden

សួនច្បារ

Suon Chbar

grill

ចង្ក្រៀរ

Chang Aer

gutters

ទុក្រងទឹក

Tor Trang Tik

hall/hallway

សាល

Sal

hamper

កន្ត្រកអីវ៉ាន់

Kann Trak Ei Wann

heater

ម៉ាស៊ីនកម្ដៅ

Ma Sin Kam Dao

insulation

ទ្រនាប់កម្ដៅ

Tror Noab Kam Dao

jacuzzi tub

អាងទឹកក្ដៅត្រជាក់

Ang Tik Kdao Tra Cheakk

key

សោរ

Saor

kitchen

ចង្ក្រានបាយ

Chang Kran Bay

ladder

ជណ្ដើរ

Chun Daer

lamp

ចង្កៀង

Chang Kieng

landing

ជាន់ជណ្ដើរ

Choan Chun Daer

laundry

បោកខោអាវ

Baok Khao Aw

lawn

ទីធ្លាមានស្មៅ

Ti Thlea Mean Smao

lawnmower

ម៉ាស៊ីនកាត់ស្មៅ

Ma Sin Katt Smao

library

បណ្ណាល័យ

Bann Na Lai

light

ភ្លើង

Phleung

linen closet

ទូកន្សែង

Tou Kann Seng

living room

បន្ទប់ទទួលភ្ញៀវ

Bann Tub Tor Tuol Phnhiew

lock

សោរ/គន្លឹះ

Saor / Kun Leus

loft

បន្ទប់ក្រោមដំបូលផ្ទះ

Ban Tub Kraom Dam Baul Pteah

mailbox

ប្រអប់សំបុត្រ

Bra Ab Sam Bot

mantle

ស៊ុមចង្ក្រានកម្ដៅ

Sum Chang Kran Kam Dao

master bedroom

បន្ទប់គេងធំ

Bann Tub Keng Thom

microwave

ម៉ាស៊ីនកម្ដៅម្ហូប

Ma Sin Kam Dao Mhaub

mirror

កញ្ចក់

Kanh Chakk

neighborhood

អ្នកជិតខាង

Neak Chit Khang

nightstand

តុតូចក្បែរគ្រែ

To Tauch Kber Kre

office

ការិយាល័យ

Ka Ri Ya Lai

oven

ម៉ាស៊ីនចម្អិនអាហារ

Ma Sin Cham En A Har

painting

គំនូរ

Kum Nour

paneling

បន្ទះក្ដារ

Ban Teah Kdar

pantry

ទូអាហារ

Tou A Har

patio

ទីធ្លាក្នុងផ្ទះ

Ti Thlea Khnong Phteah

picnic table

តុសម្រាប់ពិកនិក

To Sam Rabb Pik Nik

picture

រូបភាព

Roub Pheab

picture frame

ស៊ុមរូបភាព

Sum Roub Pheab

pillow

ក្ងើយអោប

Knaey Aob

plates

ចាន

Chan

plumbing

បំពង់

Bam Pung

pool

អាងហែលទឹក

Ang Hel Tik

porch

រានហាល

Rean Hal

queen bed

គ្រែម្ចាស់ក្សត្រី

Kre Mchass Khsatt Trei

quilt

កម្រាល

Kam Ral

railing

របាំងការពារ

Ror Bang Kar Pear

range

ចង្រ្កានហ្គាស

Chang Kran Hkas

refrigerator

ទូទឹកកក

Tou Tik Kak

remote control

ប្រដាប់បញ្ជា

Bra Dabb Banh Chea

roof

ដំបូល

Dam Baul

room

បន្ទប់

Bann Tub

rug

កម្រាល

Kam Ral

screen door

ទ្វារកញ្ចក់

Twear Kanh Chakk

shed

អាងដាក់អ៊ីវ៉ាន់

Rong Dakk Ei Wann

shelf/shelves

ធ្នើ

Thneu

shingle

បន្ទះរៀបដំបូល

Bann Teah Rieb Dam Baul

shower

ទឹកផ្កាឈូក

Tik Phka Chhouk

shutters

សន្ទះ

San Teah

siding

ក្តារបន្ទះរៀបជញ្ជាំង

Kdar Bann Teah Rieb Chunh Cheang

sink

ឡាបូ

La Bau

sofa

សាឡុង

Sa Long

stairs/staircase

ជណ្ដើរ

Chun Daer

step

កាំជណ្ដើរ

Kam Chun Daer

stoop

ឱនមុខទ្វារ

Khoeun Muk Twear

stove

ចង្ក្រាន

Chang Kran

study

សិក្សា

Sek Sa

table

តុ

To

telephone

ទូរស័ព្ទ

Tour Sabb

---

television

ទូរទស្សន៍

Tour Tuos

---

toaster

ម៉ាស៊ីនអាំងនំប៉័ង

Ma Sin Ang Num Pang

---

toilet

បង្គន់

Bang Kun

---

towel

កន្សែង

Kan Seng

---

trash can

ធុងសំរាម

Thung Sam Ram

---

trim

ស៊ុម/ជ្រី

Sum / Chri

---

upstairs

ជាន់លើ

Choan Leu

utility room

បន្ទប់ដាក់ប្រដាប់ប្រើប្រាស់

Ban Tub Dak Bra Dabb Brae Bras

vacuum

ម៉ាស៊ីនបូមធូលី

Ma Sin Baum Thou Li

vanity

តុសម្ផាង

To Sam Ang

vase

ថូផ្កា

Thau Pka

vent

រន្ធខ្យល់

Run Khchall

wall

ជញ្ជាំង

Chunh Cheang

wardrobe

ទូខោអាវ

Tou Khao Aaw

washer/washing machine

ម៉ាស៊ីនបោកខោអាវ

Ma Sin Baok Khao Aw

waste basket

កន្ត្រកសម្រាម

Kan Trak Sam Ram

water heater

ម៉ាស៊ីនកម្ដៅទឹក

Ma Sin Kam Dao Tik

welcome mat

ទ្រនាប់ជូតជើង

Tror Noab Chout Cheung

window

បង្អួច

Bang Uoch

window pane

កញ្ចក់បង្អួច

Kanh Chakk Bang Uoch

window sill

ទ្វារបង្អួច

Twear Bang Uoch

yard

ទីធ្លាមានស្មៅ

Ti Thlea Mean Smao

Related Verbs

កិរិយាស័ព្ទដែលទាក់ទង

Ke Ri Ya Sabb Del teakk Torng

to build

សាងសង់

Sang Saang

to buy

ទិញ

Tinh

to clean

សម្អាត

Sam At

to decorate

តុបតែង

Tob Teng

to leave

ទុកចោល

Tuk Chaol

to move in

អ៊ីចូល

Reu Chaul

to move out

អ៊ីចេញ

Reu Chenh

to renovate

កែលម្អ

Ke Lum A

to repair

ជួសជុល

Chuos Chul

to sell

លក់

Luok

to show

បង្ហាញ

Bang Hanh

to view

មើលទេសភាព

Meul Tes Pheab

to visit

ទៅលេង/ទស្សនា

Teou Leng / Tuos Sna

to work

ធ្វើការ

Thweu Kar

9) Arts & Entertainment
9) សិល្បៈ & កម្សាន្ត
9) Sil Pak & Kam San

3-D

3-D

Sri Di

action movie

រឿងវាយប្រហារ

Roeung Weay Bra Har

actor/actress

តួសម្ដែងប្រុស/តួសម្ដែងស្រី

Tuo Sam Deng Bros / Tuo Sam Deng Srei

album

អាល់ប៊ុម

All Bum

alternative

របស់ជំនួស

Ror Bass Chum Nuos

amphitheater

រង្គសាល

Rang Sal

animation

ជីវចល

Chiv Chal

artist

សិល្បករ

Sil Pak Kar

audience

ទស្សនិកជន

Tuos Snik Chun

ballerina

នារីរាំបាឡេ

Nea Ri Ror Bam Ba Le

ballet

រាំបាឡេ

Ror Bam Ba Le

band

ក្រុម

Krom

blues

តន្ត្រីនោសព្ញេតនា

Dann Trei Mor No Sanh Chet Na

caption

ចំណងជើង

Cham Nang Cheung

carnival

បុណ្យខានីវ៉ល

Bon Kha Ni Val

cast

តួអង្គ

Tuo Ang

choreographer

អ្នកបង្ហាត់របាំ

Neak Bang Hat Ror Bam

cinema

រោងកុន

Rong Kon

classic

ក្លាស៊ីក

Klas Sik

comedy

រឿងកំប្លែង

Roeung Kam Bleng

commercial

ពាណិជ្ជកម្ម

Pea Nich Kaam

composer

អ្នកនិពន្ធភ្លេង

Neak Ni Pun Pleng

concert

ការប្រគុំតន្ត្រី

Kar Bra Kum Dann Trei

conductor

អ្នកលក់សំបុត្រ

Neak Luok Sam Bot

contemporary

សហសម័យ

Sa Has Sa Mai

country

ចង្វាក់ខោនទ្រី

Chang Vakk Khaon Tri

credits

ក្រុមអ្នកបង្កើតកម្មវិធីទូរទស្សន៍ វិទ្យុ...

Krom Neak Bang Kaet Kam Vi Thi Tuor Tuos Vi Tyu...

dancer

អ្នករាំ

Neak Roam

director

អ្នកដឹកនាំ

Neak Doek Noam

documentary

ភាពយន្តឯកសារ

Pheab Yun Ek Sar

drama

រឿងភាគ

Roeung

drummer

អ្នកវាយស្គរ

Neak Veay Skor

duet

ច្រៀងពីរនាក់

Chrieng Pi Neak

episode

ភាគ

Pheak

event

ព្រឹត្តិការណ៍

Prit Te Kar

exhibit

ពិព័រណ៍

Pi Poar

exhibition

ការតាំងពិព័រណ៍

Kar Tang Pi Poar

fair

ពិព័រណ៍

Pi Poar

fantasy

គំនិតរវើរវាយ

Kum Nit Ror Veu Ror Veay

feature/feature film

ភាពយន្ត

Pheab Yun

film

ភាពយន្ត

Pheab Yun

flick

ភាពយន្ត

Pheab Yun

folk

តន្ត្រីហ្វូក

Dann Trei Hwauk

gallery

សាល

Sal

genre

ប្រភេទ

Bra Phet

gig

ការសម្តែងភ្លេង

Kar Sam Deng Pleng

group

ក្រុម

Krom

guitar

ហ្គីតា

Hkit Ta

guitarist

អ្នកលេងហ្គីតា

Neak Leng Hkit Ta

hip-hop

ហ៊ីបហាប់

Hip Habb

horror

រន្ធត់

Run Thut

inspirational

បំផុស

Bam Phos

jingle

សំឡេងខ្លីៗ

Sam Leng Khlei

legend

កេរ្តិ៍ឈ្មោះ/រឿងព្រេង

Ke Chmuos / Roeung Preng

lyrics

អត្ថបទចម្រៀង

Aat Bat Cham Rieng

magician

អ្នកចេះអាគម

Neak Cheh A Kum

microphone

មីក្រូហ្វូន

Mi Krau Hwaun

motion picture

ភាពយន្ត

Pheap Yun

movie director

អ្នកដឹកនាំកុន

Neak Doek Noam Kon

movie script

អត្ថបទរឿង

Aat Bat Roeung

museum

សារមន្ទីរ

Sa Rak Mun Ti

music

តន្ត្រី

Dann Trei

musical

ភាពយន្តមានឈុតចម្រៀង

Pheap Yun Mean Chhut Cham Rieng

musician

អ្នកភ្លេង

Neak Pleng

mystery

អាថ៌កំបាំង

Ar Kam Bang

new age

តន្ត្រីសម័យថ្មី

Dann Trei Sa Mai Thmei

opera

វង់ភ្លេងអូប៉េរ៉ា

Vung Pleng Au Pe Ra

opera house

មហោស្របអូប៉េរ៉ា

Mor Hao Srab Au Pe Ra

orchestra

វង់ភ្លេង

Vung Pleng

painter

វិចិត្រករ

Vi Chet Kar

painting

គំនូរ

Kum Nour

parade

ដំណើរក្បួន

Dam Naer Kbuon

performance

ការសម្ដែង

Kar Sam Deng

pianist

អ្នកលេងព្យាណូ

Neak Leng Pya Nau

picture

រូបភាព

Roub Pheap

play

លេង

Leng

playwright

អ្នកនិពន្ធរឿង

Neak Ni Pun Roeung

pop

ប៉ុប

Pop

popcorn

ពោតលីង

Pot Ling

producer

ផលិតករ

Phal Let Kar

rap

រាប

Rap

reggae

រ៉ែហ្គេ

Ri Hke

repertoire

បញ្ជីរឿង

Banh Chi Roeung

rock

រ៉ក់

Rorkk

role

តួសម្ដែង

Tuo Sam Deng

romance

មនោសញ្ចេតនា

Mor No Sanh Chet Na

scene

ឈុត

Chhut

science fiction

រឿងប្រឌិតបែបវិទ្យាសាស្ត្រ

Roeung Bra Dit Beb Vi Tyea Sas

sculpter

ចម្លាក់

Cham Lakk

shot

ការថតវីដេអូ

Kar That Vi De Au

show

ការសម្ដែង

Kar Sam Deng

show business

កម្មវិធី

Kam Vi Thi

silent film

ភាពយន្តគ្មានសំឡេង

Pheap Yun Khmean Sam Leng

singer

អ្នកចម្រៀង

Neak Cham Rieng

sitcom

រឿងកំប្លែង

Roeung Kam Pleng

soloist

អ្នកលេងភ្លេងតែម្នាក់ឯង

Neak Leng Pleng Mneak Eng

song

ចម្រៀង

Cham Rieng

songwriter

អ្នកនិពន្ធបទចម្រៀង

Neak Ni Pun Cham Rieng

stadium

ពហុកីឡ្យដ្ឋាន

Peak Hu Kei La Than

stage

ឆាក

Chhak

stand-up comedy

រឿងកំប្លែងផ្ទាល់

Roeung Kam Pleng Phtoal

television

ទូរទស្សន៍

Tour Tuos

TV show

កម្មវិធីទូរទស្សន៍

Kam Vi Thi Tour Tuos

theater

រោងកុន

Rong Kon

understudy

គូជំនួស

Tuo Chum Nuos

vocalist

អ្នកចម្រៀង

Neak Cham Rieng

violinist

អ្នកឡេងវីយូឡុង

Neak Leng Vi You Long

Related Verbs
កិរិយាស័ព្ទដែលទាក់ទង

Ke Ri Ya Sabb Del teakk Torng

to act

សម្តែង

Sam Deng

to applaud

ទះដៃ

Teah Dai

to conduct

ដឹកនាំ

Doek Noam

to dance

រាំ

Roam

---

to direct

ដឹកនាំ

Doek Noam

---

to draw

គូរ

Kour

---

to entertain

កម្សាន្ត

Kam San

---

to exhibit

តាំងពិព័រណ៍

Tang Pi Poar

---

to host

ទទួលអ្ញៀវ

Tor Tuol Phnhiew

---

to paint

គូរ

Kuor

---

to perform

សម្តែង

Sam Deng

to play

លេង

Leng

to sculpt

ឆ្លាក់រូប

Chhlakk Roub

to show

បង្ហាញ

Bang Hanh

to sing

ច្រៀង

Chrieng

to star

សម្តែង

Sam Deng

to watch

មើល

Meul

.

10) Games and Sports
10) រល្បែង និង កីឡា
10) Lbeng & Kei La

ace

ការវាយបាល់តិន្នីសខ្លាំង

Kar Veay Ball Ten Nis Khlang

amateur

អ្នកលេងក្រាន់តែជាការកម្សាន្ត

Neak Leng Kroan Te Chea Kar Kam San

archery

កីឡាបាញ់ធ្នូ

Kei La Banh Thnou

arena

លានប្រកួត

Lean Bra Kuot

arrow

ព្រួញ

Pruonh

athlete

អត្តពលិក

At Takk Pul Lik

195

badminton

កីឡាវាយស៊ី

Kei La Veay Sei

ball

បាល់

Ball

base

ទីតាំងយកពិន្ទុ

Ti Tang York Pin Tuk

baseball

កីឡាវាយកូនបាល់

Kei La Veay Koun Ball

basket

កន្ត្រក

Kann Trak

basketball

កីឡាបាល់បោះ

Kei La Ball Boh

bat

ដំបង

Dam Bang

bicycle

កង់

Kang

billiards

ស្នុកយ៉័រ

Snauk Khoar

bow

ប្រដាប់កូដវីយូឡុង

Bra Dabb Kaud Vi You Long

bowling

កីឡាបោះប៊ូលីង

Kei La Boh Buo Ling

boxing

ប្រដាល់

Bra Dall

captain

ប្រធានក្រុម

Bra Thean Krom

champion

ជើងឯក

Cheung Ek

championship

ភាពជាដើងឯក

Pheap Chea Cheung Ek

cleats

ស្បែកជើងលេងបាល់

Sbek Cheung Leng Ball

club

ក្លឹប

Kloeb

competition

ការប្រកួត

Kar Bra Kuot

course

ការប្រណាំង

Kar Bra Nang

court

ទីលាន

Ti Lean

cricket

កីឡាវាយបាល់ត្រីកឃីត

Kei La Veay Ball Krik Khit

cup

ពានរង្វាន់

Pean Rung Voan

curling

កីឡាវាយបាល់លើទឹកកក

Kei La Veay Ball Leu Tik

cycling

កីឡាជិះកង់

Kei La Chis Kang

darts

ល្បែងគប់ព្រួញ

Lbeng Kub Pruonh

defense

ការពារ

Kar Pear

diving

ជ្រមុជទឹក

Chror Much Tik

dodgeball

កីឡាគប់បាល់

Kei La Kub Ball

driver

អ្នកបើកបរ

Neak Baek Bar

equestrian

អ្នកជិះសេះ

Neak Chis Seh

event

ព្រឹត្តិការណ៍

Prit Te Kar

fan

អ្នកគាំទ្រ

Neak Koam Tror

fencing

ការប្រកួតដាវ

Kar Bra Kuot Dav

field

ទីលាន

Ti Lean

figure skating

ការជិះស្គីរាំលើទឹកកក

Kar Chis Ski Roam Leu Tik Kak

fishing

ការស្ទូចត្រី

Kar Stouch Trei

---

football

កីឡាបាល់ទាត់

Kei La Ball Toat

---

game

ល្បែង

Lbeng

---

gear

ឈុតកីឡា

Chhut Kei La

---

goal

ទី

Ti

---

golf

កីឡាវាយកូនហ្គោល

Kei La Veay Kaun Hkol

---

golf club

ក្លឹបវាយកូនហ្គោ

Kloeb Veay Kaun Hkol

gym

អត្តពលកម្ម

At Takk Pul Kam

gymnastics

អត្តពលកម្ម

At Takk Pul Kam

halftime

ពាក់កណ្ដាលការប្រកួត

Peakk Kann Dal Kar Bra Kuot

helmet

ម្លកសុវត្ថិភាព

Muok So Watt Pheap

hockey

កីឡាវាយកូនហ្គោលលើទឹកកក

Kei La Weay Kaun Hkol Leu Tik Kak

horse racing

ការប្រណាំងសេះ

Kar Bra Naang Seh

hunting

ការប្រមាញ់

Kar Bra Manh

ice skating

ការជិះស្គីលើទឹកកក

Kar Chis Ski Leu Tik Kak

inning

វេនប្រក្វត

Wen Bra Kuot

jockey

អ្នកជិះសេះប្រណាំង

Neak Chis Seh Bra Nang

judo

កីឡាបោកចំបាប់ជូដូ

Kei La Baok Cham Babb Chou Do

karate

ការ៉ាត់តេ

Ka Ratt Te

kayaking

កីឡាជិះទូក

Kei La Chis Touk

kickball

ទាត់បាល់

Toat Ball

lacrosse

កីឡាវាយកូនបាល់ពាក់ម្នុកសុវត្តិភាព

Kei La Weay Kaun Hkol Peak Muok So Vatt Pheap

league

ការប្រក្កួត

Kar Bra Kuot

martial arts

សិល្បៈក្បាច់គុណ

Sil Pak Kbach Kun

mat

ទ្រនាប់

Tror Noab

match

ការប្រក្កួត

Kar Bra Kuot

medal

មេដាយ

Me Day

net

ស្រណាញ់

Sra Nanh

offense

កីឡាបាល់បោះពាក់ម្មកសុវត្តិភាព

Kei La Ball Boh Peak Muok So Vat Pheap

Olympic Games

កីឡាអូឡាំពិក

Kei La Au Lam Pik

pentathlon

ការប្រកួតមានព្រឹត្តិការណ៍ប្រាំរួមគ្នា

Kar Bra Kuot Mean Prit Te Kar Bram Ruom Khnea

pitch

ទីលានប្រកួត

Ti Lean Bra Kuot

play

ការប្រកួត

Kar Bra Kuot

player

អ្នកប្រកួត

Neak Bra Kuot

polo

កីឡាជិះសេះវាយកូនបាល់

Kei La Chis Seh Veay Kaun Ball

pool

ស្នូកយ័រ

Snauk Khoar

pool cue

ដងស្នូកយ័រ

Dang Snauk Khoar

professional

អាជីព

A Chip

puck

កូនហ្កោល

Kaun Hkol

quarter

មួយភាគបួន

Muoy Pheak Buon

race

ការប្រណាំង

Kar Bra Nang

race car

ការប្រណាំងរថយន្ត

Kar Bra Nang Rut Yun

racket

វ៉ាកែត

Ra Ket

record

កំណត់ត្រា

Kam Nat Tra

referee

អាជ្ញាកណ្តាល

A Nha Kann Dal

relay

ការរត់ប្រហែលទឹកបណ្តាក់

Kar Rut Reu Hel Tik Bann Dakk

riding

កីឡាជិះសេះ

Kei La Chis Seh

ring

សំឡេងកណ្តឹង

Sam Leng Kann Doeng

rink

កន្លែងលេងកីឡារំអិល

Kann Leng Leng Kei La Rum El

rowing

ការវែវទូក

Kar Chew Touk

rugby

កីឡាបាល់អោប

Kei La Ball Aob

running

ការរត់

Kar Rut

saddle

កែបលើខ្នងសេះ

Keb Leu Khnang Seh

sailing

ការដាក់កែបលើខ្នងសេះ

Kar Dakk Keb Leu Khnang Seh

score

ពិន្ទុ

Pin Tu

shuffleboard

ក្ដារវាយកូនហ្គោល

Kdar Veay Kaun Hkol

shuttle cock

សី

Sei

skates

ស្គី

Sei

skating

ការជិះស្គី

Kar Chis Ski

skiing

ការជិះស្គី

Kar Chis Ski

skis

ស្គីទឹកកក

Ski Tik Kak

soccer

បាល់

Ball

softball

បាល់

Ball

spectators

ទស្សនិកជន

Tuos Snik Chun

sport

កីឡា

Kei La

sportsmanship

ភាពជាអ្នកកីឡា

Pheap Chea Neak Kei La

squash

កីឡាវាយកូនបាល់ទល់ជញ្ជាំង

Kei La Veay Kaun Ball Tul Chunh Choang

stadium

ពហុកីឡាដ្ឋាន

Peak Hu Kei La Than

surf

ការជិះស្គីប្រណាំងរលក

Kar Chis Ski Bra Nang Ror Lork

surfboard

ស្គីសមុទ្រ

Ski Sa Mut

swimming

ការហែលទឹក

Kar Hel Tik

table tennis/ping pong

ប៉ិងប៉ុង

Peng Pong

tag

ល្បែងក្មេងរត់ចាប់គ្នា

Lbeng Khmeng Rut Chabb Khnea

team

ក្រុម

Krom

tennis

កីឡាតិនីស

Kei La Ten Nis

tetherball

ល្បែងចងបាល់នឹងបង្គោល

Lbeng Chang Ball Ning Bang Kol

throw

បោះ

Boh

track

កីឡាលោត

Kei La Lot

track and field

កីឡារត់ និងលោត

Kei La Rut Ning Lot

volleyball

កីឡាបាល់ទះ

Kei La Ball Teah

water skiing

ការជិះស្គីលើទឹក

Kar Chis Ski Leu Tik

weight lifting

ការលើកទម្ងន់

Kar Leuk Tum Ngun

whistle

កញ្ចែ

Kanh Che

win

ឈ្នះ

Chneah

windsurfing

ការជិះទូកក្តោង

Kar Chis Touk Kdaong

winner

ជយលាភី

Chey Lea Phi

wrestling

កីឡាកាស

Kei La Kas

Related Verbs
កិរិយាស័ព្ទដែលទាក់ទង

Ke Ri Ya Sabb Del teakk Torng

to catch

ចាប់

Chabb

to cheat

បោក

Baok

to compete

ប្រកួតប្រជែង

Bra Kuot Bra Cheng

to dribble

បណ្ដើរបាល់

Ban Daer Ball

to go

ទៅ

Tou

to hit

វាយ

Weay

to jump

លោត

Lot

to kick

ទាត់

Toat

to knock out

ផ្ដួល

Phduol

to lose

ចាញ់

Chanh

to play

លេង

Leng

to race

ប្រណាំង

Bra Nang

to run

រត់

Rut

to score

ឱ្យពិន្ទុ

Aoy Pin Tu

to win

ឈ្នះ

Chneah

11) Food
11) អាហារ
11) A Har

apple

ប៉ោម

Paom

bacon

សាច់ប៊ីជាន់

Sach Bei Choan

bagel

នំដុណាត់បាប៉ែហ្គុល

Num Do Natt Ba Hkel

banana

ចេក

Chek

beans

សណ្ដែកសៀង

Saan Dek Sieng

beef

សាច់គោ

Sach Ko

bread

និំបុ័ង

Num Pang

broccoli

ស្ពៃប្រុខុលី

Spey Bro Kho Li

brownie

និំខេកប្រោននី

Num Khek Braon Ni

cake

និំខេក

Num Khek

candy

ស្ករគ្រាប់

Skar Kroab

carrot

ការ៉ុត

Ka Rot

celery

បន្លែសេលើរី

Ban Le Se Leu Ri

cheese

ឈីស

Chis

---

cheesecake

នំខេកឈីស

Num Khek Chis

---

chicken

សាច់មាន់

Sach Moan

---

chocolate

សូកូឡា

So Ko La

---

cinnamon

គ្រឿងទេសស៊ីនអឺម៉ុន

Kroeung Tes Sin Eu Mon

---

cookie

នំយុកឃី

Num Khuk Khi

---

crackers

នំស្រួយ

Num Sruoy

dip

អាម៉ុក

A Mok

eggplant

ត្រប់ពង

Trabb Veng

fig

ល្វា

Lwea

fish

ត្រី

Trei

fruit

ផ្លែឈើ

Ple Chheu

garlic

ខ្ទឹម

Khtim

ginger

ខ្ញី

Khnhei

ham

សាច់ភ្លៅជ្រូក

Sach Phleou Chrouk

herbs

គ្រឿងទេសក្រអូប

Kroeung Tes Kra Aub

honey

ទឹកឃ្មុំ

Tik Khmum

ice cream

ការ៉េម

Ka Rem

jelly/jam

ចាហួយ

Cha Huoy

ketchup

ទឹកប៉េងប៉ោះ

Tik Peng Poh

lemon

ក្រូចឆ្មា

Krauch Chhma

lettuce

សាឡាដ

Sa Lad

---

mahi mahi

ត្រី

Trei

---

mango

ស្វាយ

Sway

---

mayonnaise

ទឹកម៉ៃយ៉ូណេស

Tik Mai Yo Nes

---

meat

សាច់

Sach

---

melon

ឪឡឹក

Ov Loek

---

milk

ទឹកដោះគោ

Tik Doh Ko

---

mustard

ស្ពៃខៀវ

Spey Khiew

---

noodles

នំបញ្ចុក

Num Banh Chok

---

nuts

គ្រាប់ធញ្ញជាតិ

Krorbb Thunh Cheat

---

oats

ស្រូវសាលីអូត

Srauw Sa Lei Aut

---

olive

ប្រេងអូលីវ

Breng Au Liw

---

orange

ក្រូច

Krauch

---

pasta

ជាស្ពា

Phas Sta

---

pastry

និមជាស្ត្រី

Num Pa Stri

pepper

ម្រេច

Mrich

pork

សាច់ជ្រូក

Sach Chrouk

potato

ដំឡូងបារាំង

Dam Laung Ba Rang

pumpkin

ល្ពៅ

Lpeou

raisin

ទំពាំងបាយជូរក្រៀម

Tum Poang Bay Chour Kriem

sage

ជីអង្កាម

Chi Ang Kam

salad

សាឡាដ

Sa Lad

salmon

ត្រីសាលម៉ុន

Trei Sal Mon

sandwich

សាំងវិច

Sang Wich

sausage

សាច់ក្រក

Sach Krak

soup

ស៊ុប

Sub

squash

ល្ពៅ

Lpeou

steak

ស្ទេក

Stek

strawberry

ស្ត្របឺរី

Stra Beu Ri

sugar

ស្ករស

Skar Sa

tea

តែ

Te

toast

នំបុ័ងស

Thaus

tomato

ប៉េងប៉ោះ

Peng Poh

vinegar

ទឹកខ្មេះ

Tik Khmeh

vegetables

បន្លែ

Bann Le

water

ទឹក

Tik

wheat

ស្រូវសាលី

Srauw Sa Lei

yogurt

ទឹកដោះគោជូរ

Tik Doh Ko Chour

Restaurants and Cafes

អាជនីយដ្ឋាន និងហាងការហ្វេ

Phoch Ni Than Ning Hang Ka Hwe

a la carte

តារាងមុខម្ហូបដោយឡែក

Ta Rang Muk Mhob Daoy Lek

a la mode

នំមានការ៉ែមពីលើ

Num Mean Ka Rem Pi Leu

appetizer

អាហារសម្រន់

A Har Sam Rann

bar

បា

Ba

beverage

អាសជ្ជៈ

Phes Cheak

bill

វិក្កយប័ត្រ

Vi Kai Batt

bistro

បាតូចៗ

Ba Toch Toch

boiled bowl

អាហារឆ្អិន

A Har Cha En

braised

ខ

Kha

breakfast

អាហារពេលព្រឹក

A Har Pel Prik

brunch

អាហារពេលព្រឹកឆាយថ្ងៃត្រង់

A Har Pel Prik Leay Thngai Trang

cafe/cafeteria

អាហារដ្ឋាន

A Har Than

cashier

អ្នកគិតលុយ

Neak Kit Luy

chair

កៅអី

Kao Ey

charge

គិតប្រាក់

Kit Brakk

check

មូលប្បទានប័ត្រ

Muol Lab Pak Tean Batt

chef

ចុងភៅ

Chong Phoeu

coffee

កាហ្វេ

Ka Hwe

coffee shop

ហាងកាហ្វេ

Hang Ka Hwe

condiments

គ្រឿងទេស

Kroeung Tes

cook

ចម្អិន

Cham In

courses

មុខម្ហូប

Muk Mhaub

credit card

ប័ណ្ណឥណទាន

Baan En Tean

cup

ពែង

Peng

cutlery

សម្ភារៈសម្រាប់ទទួលទានអាហារ

Sam Phea Rak Sam Rabb Tor Tuol Tean A Har

deli/delicatessen

ហាងលក់អាហារឆ្អិនស្រាប់

Hang Luok A Har Chaen Srabb

dessert

បង្អែម

Bang Em

dine

ទទួលទានអាហារពេលល្ងាច

Tor Tuol Tean A Har Pel Lngeach

diner

ហាងលក់អាហារតាមផ្លូវ

Hang Luok A Har Tam Plauw

dinner

អាហារពេលល្ងាច

A Har Pel Lngeach

dish

ចាន

Chan

dishwasher

ម៉ាស៊ីនលាងចាន

Ma Sin Leang Chan

doggie bag

ថង់អាហារឆ្កែ

Thang A Har Chhke

drink

អាសជ្ជៈ

Pes Cheak

entree

អាហារចំបង

A Har Cham Bang

food

អាហារ

A Har

fork

សម

Sam

glass

កែវ

Kew

gourmet

អ្នកស្គាល់មុខម្ហូបច្រើន

Neak Skoal Muk Mhaub Chraen

hor d'oeuvre

អាហារសម្រន់

A Har Sam Rann

host/hostess

អ្នកបម្រើប្រុស/ស្រី

Neak Bam Rae Bros / Srei

knife

កាំបិត

Kam Bet

lunch

អាហារថ្ងៃត្រង់

A Har Thngai Trang

maitre d'

អ្នករត់តុ

Neak Rut To

manager

អ្នកគ្រប់គ្រង

Neak Krub Krorng

menu

តារាងមុខម្ហូប

Ta Rang Muk Mhob

mug

ពែងទឹក

Peng Tik

napkin

កន្សែប

Kan Torb

order

កុម្ម៉ង់

Ko Mang

party

ពិធីជប់លៀង

Pi Thi Chub Lieng

plate

ចាន

Chan

platter

ចានត្របៃត

Chan Tra Pet

reservation

ការកក់

Kar Kakk

restaurant

អាជនីយដ្ឋាន

Phoch Ni Than

saucer

ចានទ្រនាប់

Chan Tror Noab

server

អ្នកបម្រើ

Neak Bam Rae

side order

អាហារបន្ថាប់បន្សំ

A Har Ban Toab Ban Sam

silverware

កាំបិត ស្លាបព្រា សម

Kam Bet Slab Prea Sam

special

មុខម្ហូបពិសេស

Muk Mhaub Pi Seh

spoon

ស្លាបព្រា

Slab Prea

starters

មុខម្ហូបដំបូង

Muk Mhaub Dam Bong

supper

អាហារពេលយប់

A Har Pel Yub

table

តុ

To

tax

ពន្ធ

Pun

tip

លុយទឹកតែ

Luy Tik Te

to go

ទៅ

Teou

utensils

ប្រដាប់ប្រដាផ្ទះបាយ

Bra Dab Bra Da Phteah Bay

---

waiter/waitress

អ្នករត់តុប្រុស/ស្រី

Neak Rut To Bros / Srei

Related Verbs
កិរិយាស័ព្ទដែលទាក់ទង

Ke Ri Ya Sabb Del teakk Torng

---

to bake

ដុត

Dot

---

to be hungry

ឃ្លាន

Khlean

---

to cook

ចម្អិនអាហារ

Cham En A Har

---

to cut

កាត់

Kat

---

to drink

ផឹក

Phoek

to eat

ទទួលទាន

Tor Tuol Tean

to eat out

ទទួលទានអាហារខាងក្រៅ

Tor Tuol Tean A Har Khang Krao

to feed

ផ្ដល់អាហារ

Pdall A Har

to grow

លូតលាស់

Lout Loas

to have breakfast

ទទួលទានអាហារពេលព្រឹក

Tor Tuol Tean A Har Pel Proek

to have lunch

ទទួលទានអាហារថ្ងៃត្រង់

Tor Tuol Tean A Har Thngai Trang

to have dinner

ទទួលទានអាហារពេលល្ងាច

Tor Tuol Tean A Har Pel Lngeach

to make

ធ្វើ

Thweu

to order

កម្ម៉ង់

Ka Mang

to pay

បង់ប្រាក់

Bang Prakk

to prepare

រៀបចំ

Rieb Cham

to request

ស្នើ

Snae

to reserve

កក់

Kakk

to serve

បម្រើ

Bam Rae

to set the table

រៀបចំតុ

Rieb Cham To

to taste

ភ្លក់រសជាតិ

Phluok Ruos Cheat

12) Shopping

12) ការទិញទំនិញ

12) Kar Tinh Tum Ninh

bags

ថង់

Thang

bakery

កន្លែងដុតនំ

Kan Leng Dot Num

barcode

លេខសម្គាល់

Lek Sam Koal

basket

កញ្ច្រក

Kan Trak

bookstore

ហាងលក់សៀវភៅ

Hang Luok Siew Pheou

boutique

ហាងលក់ទំនិញ

Hang Luok Tum Ninh

browse

រកមើល

Rork Meul

buggy/shopping cart

រទេះដាក់ទំនិញ

Ror Teh Dakk Tum Ninh

butcher

អ្នកលក់សាច់

Neak Luok Sach

buy

ទិញ

Tinh

cash

ប្រាក់

Brakk

cashier

អ្នកគិតប្រាក់

Neak Kit Brakk

change

លុយអាប់/ប្ដូរ

Luy Aabb / Bdor

changing room

បន្ទប់ប្តូរសម្លៀកបំពាក់

Ban Tub Bdor Sam Liek Bam Peak

cheap

ថោក

Thaok

check

ពិនិត្យ

Pi Nit

clearance

ការលក់ឡាយឡុង

Kar Luok Lay Long

coin

កាក់

Kakk

convenience store

ហាងលក់អាហារនិងអាសជ្ជ:ដល់ពេលយប់

Hang Luok A Har Ning Pes Cheak Dol Pel Yub

counter

បញ្ជិតប្រាក់

Banh Chor Kit Brakk

credit card

បណ្ណឥណទាន

Ban En Tean

customers

អតិថិជន

A Te The Chun

debit card

បណ្ណឥណពន្ធ

Ban En Pun

delivery

ការដឹកចាយ

Kar Chek Chay

department store

ហាងលក់ទំនិញ

Hang Luok Tum Ninh

discount

ការបញ្ចុះតម្លៃ

Kar Banh Chos Dam Lai

discount store

ហាងលក់ទំនិញបញ្ចុះតម្លៃ

Hang Luok Tum Ninh Banh Chos Dam Lai

drugstore/pharmacy

ឱសថស្ថាន

Ua Sat Sthan

electronic store

ហាងលក់គ្រឿងអេឡិចត្រូនិក

Hang Luok Kroeung Eh Lech Tro Nik

escalator

ជណ្តើរយន្ត

Chun Daer Yun

expensive

ថ្លៃ

Thlai

flea market

ផ្សារទំនិញចាស់ៗក្នុងតម្លៃថោក

Phsar Tum Ninh Chas Khnong Dam Lai Thaok

florist

អ្នកលក់ផ្កា

Neak Luok Phka

grocery store

ហាងលក់ម្ហូបអាហារ

Hang Luok Mhob A Har

hardware

ប្រដាប់ប្រដារធ្វើពីលោហៈសម្រាប់ប្រើប្រាស់ក្នុងផ្ទះ

Bra Dab Bra Dar Thweu Pi Lo Hak Sam Rabb Brae Brass Khnong Phteah

jeweler

ជាងទង/អ្នកលក់គ្រឿងអលង្ការ

Cheang Torng / Neak Luok Kroeung A Lang Kar

mall

ផ្សារ

Phsar

market

ហាង

Hang

meat department

កន្លែងលក់សាច់

Kan Leng Luok Sach

music store

ហាងតន្ត្រី

Hang Dan Trei

offer

ការផ្ដល់ឱ្យ

Kar Phdal Aoy

pet store

ហាងលក់សត្វចិញ្ចឹម

Hang Luok Sat Chenh Choem

purchase

ទិញ

Tinh

purse

កាបូបស្រ្តី

Ka Baub Strei

rack

ធ្នើ

Thneu

receipt

វិក័យបត្រទទួល

Wi Kay Batt Tor Tuol

return

ការប្រគល់ឱ្យវិញ

Kar Bra Kul Aoy Vinh.

sale

ការលក់

Kar Luok

sales person

បុគ្គលិកលក់

Bok Klik Luok

scale

ជញ្ជីង

Chunh Ching

size

ទំហំ

Tum Hum

shelf/shelves

ធ្នើ

Thneu

shoe store

ហាងលក់ស្បែកជើង

Hang Luok Sbek Cheung

shop

ហាង

Hang

shopping center

មជ្ឈមណ្ឌលលក់ទំនិញ

Mach Chheak Mun Dul Luok Tum Ninh

store

ហាង

Hang

supermarket

ផ្សារទំនើប

Phsar Tum Neub

tailor

ជាងកាត់ដេរ

Cheang Katt Der

till

ថតដាក់ប្រាក់

That Dakk Brakk

toy store

ហាងលក់តុក្កតា

Hang Luok Tok Kta

wallet

កាបូប

Ka Baub

wholesale

លក់ដុំ

Luok Dom

Related Verbs
កិរិយាស័ព្ទដែលទាក់ទង

Ke Ri Ya Sabb Del teakk Torng

to buy

ទិញ

Tinh

---

to charge

គិតប្រាក់

Kit Brakk

---

to choose

រុជើសអើស

Chreus Reus

---

to exchange

ប្ដូរ

Bdor

---

to go shopping

ដើរផ្សារទិញទំនិញ

Daer Phsar Tinh Tum Ninh

---

to owe

ជំពាក់

Chum Peak

to pay

បង់ប្រាក់

Bang Brakk

to prefer

ចូលចិត្ត

Chaul Chet

to return

ប្រគល់ឲ្យវិញ

Bra Kul Aoy Vinh

to save

សន្សំ

San Sam

to sell

លក់

Luok

to shop

ទិញទំនិញ

Tinh Tum Ninh

to spend

ចាយ

Chay

to try on

ល

Lor

to want

ចង់បាន

Chang Ban

13) At the Bank

13) នៅធនាគារ

13) Nou Thor Nea Kear

account

គណនី

Kor Neak Ni

APR/Annual Percentage Rate

អត្រាភាគរយប្រចាំឆ្នាំ

At Tra Pheak Rory Bra Cham Chhnam

ATM/Automatic Teller Machine

ម៉ាស៊ីនដកប្រាក់

Ma Sin Dak Brakk

balance

សមតុល្យ

Sam Tol

bank

ធនាគារ

Thor Nea Kear

bank charges

ការគិតប្រាក់ពីធនាគារ

Kar Kit Brakk Pi Thor Nea Kear

bank draft

មូលប្បទានប័ត្រធនាគារ

Moul Lab Pakk Tean Batt Thor Nea Kear

bank rate

អត្រាធនាគារ

At Tra Thor Nea Kear

bank statement

របាយការណ៍ធនាគារ

Ror Bay Kar Thor Nea Kear

borrower

អ្នកខ្ចី

Neak Khchei

bounced check

មូលប្បទានប័ត្រមានប្រាក់មិនគ្រប់គ្រាន់

Moul Lab Pak Tean Batt Mean Brakk Min Krub Kroan

cardholder

អ្នកកាន់បណ្ណឥណទាន

Neak Kann Bann En Tean

cash

សាច់ប្រាក់

Sach Brakk

cashback

សាច់ប្រាក់ឲ្យវិញុបន្ទាប់ពីទិញរួច

Sach Brakk Aoy Winh Ban Toab Pi Tinh Ruoch

check

មូលប្បទានប័ត្រ

Moul Lab Pakk Tean Batt

checkbook

សៀវភៅមូលប្បទានប័ត្រ

Siew Pheou Moul Lab Pakk Tean Batt

checking account

គណនីពិនិត្យទឹកប្រាក់

Kor Neak Ni Pi Nit Tik Brak

collateral

វត្ថុបញ្ចាំ

Wortho Banh Cham

commission

កម្រៃជើងសារ

Kam Rai Cheung Sar

credit

ឥណទាន

En Tean

credit card

បណ្ណឥណទាន

Ban En Tean

credit limit

កម្រិតឥណទាន

Kam Rit En Tean

credit rating

ការវាយតម្លៃឥណទាន

Kar Weay Dam Lai En Tean

currency

រូបិយប័ណ្ណ

Roub Pey Ban

debt

បំណុល

Bam Nol

debit

ឥណពន្ធ

En Pun

debit card

បណ្ណឥណពន្ធ

Bann En Pun

deposit

ការដាក់ប្រាក់

Kar Dakk Brakk

direct debit

គណពន្ធផ្ទាល់

En Pun Phtoal

direct deposit

ការដាក់ប្រាក់ផ្ទាល់

Kar Dakk Brakk Phtoal

expense

ចំណាយ

Cham Nay

fees

ថ្លៃឈ្នួល

Thlai Chhnuol

foreign exchange rate

អត្រាប្ដូរប្រាក់បរទេស

At Tra Bdor Brak Bar Tes

insurance

ធនារ៉ាប់រង

Thor Nea Raab Rorng

interest

ការប្រាក់

Kar Brakk

Internet banking

សេវាធនាគារតាមអ៊ីនធឺណិត

Se Wa Thor Nea Kear Tam In Theu Net

loan

កម្ចី

Kam Chei

money

ប្រាក់

Brakk

money market

ទីផ្សារប្រាក់

Ti Phsar Brakk

mortgage

ការខ្ចីដោយដាក់របស់បញ្ចាំ

Kar Khchei Daoy Dakk Ror Bass Banh Cham

NSF/Insufficient Funds

មូលនិធិមិនគ្រប់គ្រាន់

Moul Ni Thi Min Krub Kroan

online banking

សេវាធនាគារអនឡាញ

Se Wa Thor Nea Kear An Lanh

overdraft

ការដកប្រាក់ហួសទឹកប្រាក់ក្នុងគណនី

Kar Dak Brakk Huos Tik Brakk Khnong Thor Nea Kear

payee

អ្នកទទួលសំណង

Neak Tor Tuol Sam Nang

pin number

លេខសម្ងាល់

Lek Sam Koal

register

ម៉ាស៊ីនកត់ត្រាការលក់ និងទុកប្រាក់

Ma Sin Katt Tra Kar Luok Ning Tuk Brakk

savings account

គណនីសន្សំ

K Neak Ni San Sam

statement

របាយការណ៍

Ror Bay Kar

tax

ពន្ធ

Pun

---

telebanking

សេវាធនាគារតាមប្រព័ន្ធទូរស័ព្ទ

Se Wa Thor Nea Kear Tam Bra Poan Tour Sab

---

teller

អ្នកបើក/ទទួលប្រាក់នៅធនាគារ

Neak Baek / Tor Tuol Brakk Neou Thor Nea Kear

---

transaction

ប្រតិបត្តិការ

Bra Te Baat Kar

---

traveler's check

មូលប្បទានប័ត្រអ្នកទេសចរណ៍

Moul Lab Pak Tean Batt Neak Tes Char

---

vault

ទូរដែក

Tou Dek

---

withdraw

ដកប្រាក់

Dak Brakk

Related Verbs

កិរិយាស័ព្ទដែលទាក់ទង

Ke Ri Ya Sabb Del teakk Torng

to borrow

ខ្ចី

Khchei

---

to cash

ដូរប្រាក់

Dor Brakk

---

to charge

គិតប្រាក់

Kit Brakk

---

to deposit

ដាក់ប្រាក់

Dakk Brakk

---

to endorse

អនុញ្ញាត

A Nu Nhat

---

to enter

បញ្ចូល

Banh Chol

---

to hold

ទុក

Tuk

to insure

ធានា

Thea Nea

to lend

ឱ្យខ្ចី

Aoy Khchei

to open an account

បើកគណនី

Baek Kor Neak Ni

to pay

ចេញ/បង់ប្រាក់

Chenh/Bang Brakk

to save

សន្សំ

San Sam

to spend

ចំណាយ

Cham Nay

to transfer money

ផ្ទេរប្រាក់

Phter Brakk

to withdraw

ដកប្រាក់

Dak Brak

14) Holidays

14) ថ្ងៃឈប់សម្រាក

14) Thngai Chhub Sam Rak

balloons

ទិរ

calendar

ប្រតិទិន

Bra Te Tin

celebrate

ប្រារព្ធ

Bra Rub

celebration

ការប្រារព្ធ

Kar Bra Rub

commemorating

រម្លឹក

Rum Lik

decorations

ការតុបតែង

Kar Tob Teng

family

ក្រុសារ

Kruo Sar

---

feast

ពិធីជប់លៀង

Pi Thi Chub Lieng

---

federal

សហព័ន្ធ

Sa Hak Poan

---

festivities

មហោស្រព

Mor Hao Srab

---

fireworks

កាំជ្រួច

Kam Chruoch

---

first

ទីមួយ

Ti Muoy

---

friends

មិត្តភក្ដិ

Mit Pheak

---

games

រល្បែង

Lbeng

gifts

អំណោយ

Am Naoy

heros

វីរៈបុរស

Vi Reak Bo Ras

holiday

ថ្ងៃឈប់សម្រាក

Thngai Chhub Sam Rak

honor

កិត្តិយស

Ket Te Yuos

national

ជាតិ

Cheat

parade

ដំណើរក្បួន

Dam Naer Kbuon

party

ពិធីជប់លៀង

Pi Thi Chub Lieng

picnics

ពិកនិក

Pik Nik

remember

ចងចាំ

Chang Cham

resolution

ការតាំងចិត្ត

Kar Tang Chet

traditions

ប្រពៃណី

Bra Pey Nei

American Holidays in calendar order:

ថ្ងៃឈប់សម្រាករបស់ពលរដ្ឋអាមេរិកក្នុងប្រតិទិន៖

Thngai Chhub Sam Rak Ror Bass Pul Roat A Me Rik Knong Bra Te Tin:

New Year's Day

ថ្ងៃចូលឆ្នាំថ្មី

Thngai Chol Chhnam Thmei

Martin Luther King Jr. Day

បុណ្យរម្លឹកខួបលោក Martin Luther King Jr.

Bon Rum Lik Khuob Lok Martin Luther King Jr.

Groundhog Day

ទិវា Groundhog

Ti Wea Groundhog

Valentine's Day

ទិវានៃក្ដីស្រលាញ់

Ti Wea Ney Kdei Sra Lanh

St. Patrick's Day

ទិវា St. Patrick

Ti Wea St. Patrick

Easter

ទិវា Easter

Ti Wea Easter

April Fool's Day

ទិវា April Fool

Ti Wea April Fool

Earth Day

ទិវាពិភពលោក

Ti Wea Pi Phub Lok

Mother's Day

ថ្ងៃបុណ្យម្ដាយ

Thngai Bon Mday

Memorial Day

បុណ្យរម្លឹកខួប

Bon Rum Lik Khuob

Father's Day

ថ្ងៃបុណ្យឪពុក

Thngai Bon Ov Puk

Flag Day

ទិវាគោរពទង់ជាតិ

Ti Wea Ko Rub Tung Cheat

Independence Day/July 4th

បុណ្យឯករាជ្យ / ថ្ងៃទី 4 ខែ កក្កដា

Bon Ek Reach / Thngai Ti 4 Khe Kak Kda

Labor Day

ទិវាពលកម្ម

Ti Wea Pul Kam

Columbus Day

បុណ្យរម្លឹកខួបការមកដល់របស់លោក Columbus

Bon Rum Lik Khuob Kar Mok Dol Ror Bass Lok Columbus

Halloween

បុណ្យ Halloween

Bon Halloween

Veteran's Day

ទិវអតីតយុទ្ធជន

Ti Wea A Tei Tak Yut Chun

Election Day

ទិវបោះឆ្នោត

Ti Wea Boh Chhnaot

Thanksgiving Day

ទិវ Thanksgiving

Ti Wea Thanksgiving

Christmas

បុណ្យ Christmas

Bon Christmas

Hanukkah

ទិវ Hanukkah

Ti Wea Hanukkah

New Year's Eve

បុណ្យចូលឆ្នាំថ្មី

Bon Chol Chhnam Thmei

Related Verbs
កិរិយាស័ព្ទដែលទាក់ទង

Ke Ri Ya Sabb Del teakk Torng

to celebrate

ប្រារព្ធ

Bra Rub

to cherish

គោរពស្រឡាញ់

Ko Rub Sra Lanh

to commemorate

រម្លឹកខ្លួប

Rum Lik Khuob

to cook

ចម្អិន

Cham En

to give

ឱ្យ

Aoy

to go to

ទៅ

Teou

to honor

ផ្ដល់កិត្តិយស

Pdall Ke Te Yuos

to observe

សង្កេត

Sang Ket

to party

រៀបចំពិធីជប់លៀង

Rieb Cham Pi Thi Chub Lieng

to play

លេង

Leng

to recognize

ស្គាល់

Skaol

to remember

ចងចាំ

Chang Cham

to visit

ទស្សនា

Tuos Sna

15) Traveling

15) ការធ្វើដំណើរកម្សាន្ត

15) Kar Thweu Dam Naer Kam San

airport

អាកាសយានដ្ឋាន

A Kas Yean Than

backpack

កាបូបស្ពាយពីក្រោយ

Ka Baub Speay Pi Kraoy

baggage

កញ្ចប់អីវ៉ាន់

Kanh Chabb Ei Vann

boarding pass

ប័ណ្ណឡើងដែន

Baan Chlang Den

business class

ថ្នាក់ជំនួញ

Thnakk Chum Nuonh

bus station

ស្ថានីយ៍រថយន្តក្រុង

Sthani Rut Yun Krong

carry-on

អ៊ីវ៉ាន់

Ei Wan

check-in

ការចុះឈ្មោះ

Kar Chos Chhmuos

coach

រថយន្តធ្វើដំណើរកម្សាន្ត

Rut Yun Thweu Dam Naer Kam San

cruise

ដំណើរកម្សាន្ត

Dam Naer Kam San

depart/departure

ចេញដំណើរ

Chenh Dam Naer

destination

ទិសដៅ

Tis Dao

excursion

ដំណើរកម្សាន្តរយៈពេលខ្លី

Dam Naer Kam San Ror Yeak Pel Khlei

explore

រុករក

Ruk Rork

first class

ថ្នាក់ទីមួយ

Thnakk Ti Muoy

flight

ជើងហោះហើរ

Cheung Hoh Haer

flight attendant

បុគ្គលិកលើយន្តហោះ

Bok Klik Leu Yun Hoh

fly

ហោះហើរ

Hoh Haer

guide

នាំផ្លូវ

Noam Plauw

highway

មហាវិថី

Mor Ha Wi Thei

hotel

សណ្ឋាគារ

San Tha Kear

inn

សណ្ឋាគារ

San Tha Kear

journey

ការធ្វើដំណើរ

Kar Thweu Dam Naer

land

ចុះចត

Chos Chat

landing

ការចុះចត

Kar Chos Chat

lift-off

បង្ហោះ

Bang Hoh

luggage

អីវ៉ាន់

Ei Wan

map

ផែនទី

Pen Ti

move

បុរកន្លែង

Bdor Kan Leng

motel

ម៉ូតែល

Mo Tel

passenger

អ្នកដំណើរ

Neak Dam Naer

passport

លិខិតឆ្លងដែន

Li Khet Chhlang Den

pilot

អ្នកបើកបរយន្តហោះ

Neak Baek Bar Yun Hoh

port

កំពង់ផែ

Kam Pung Phe

postcard

បណ្ណាប្រៃសណីយ៍

Ban Brai Sni

rail

រថភ្លើង

Rut Phleung

railway

ផ្លូវរថភ្លើង

Phlauw Rut Phleung

red-eye

ជើងហោះហើរពេលយប់ជ្រៅ

Cheung Hoh Haer Pel Yub Chreou

reservations

ការកក់ទុក

Kar Kakk Tuk

resort

កន្លែងកម្សាន្ត

Kan Leng Kam San

return

ត្រឡប់វិញ

Tra Labb Winh

road

ផ្លូវ

Phlauw

roam

ត្រាច់ចរ

Trach Char

room

បន្ទប់

Bann Tub

route

ផ្លូវ

Phlauw

safari

ដំណើរទេសចរណ៍បរបាញ់សត្វ

Dam Naer Tes Char Bar Banh Sat

sail

ក្តោងទូក

Kdaong Touk

seat

កន្លែងអង្គុយ

Kan Leng Ang Kuy

sightseeing

ដំណើរកម្សាន្ត

Dam Naer Kam San

souvenir

វត្ថុអនុស្សាវរីយ៍

Voat Tho A Nuk Saw Ri

step

ជំហាន

Chum Hean

suitcase

វ៉ាលីខោអាវ

Va Li Khao Aw

take off

ចេញដំណើរ

Chenh Dam Naer

tour

ដំណើរកម្សាន្ត

Dam Naer Kam San

tourism

ទេសចរណ៍

Tes Char

tourist

អ្នកទេសចរណ៍

Neak Tes Char

traffic

ចរាចរណ៍

Cha Ra Char

trek

ការធ្វើដំណើរយឺតៗ

Kar Thweu Dam Naer Yeut

travel

ការធ្វើដំណើរ

Kar Thweu Dam Naer

travel agent

ភ្នាក់ងារទេសចរណ៍

Phneak Ngear Tes Char

trip

ដំណើរកម្សាន្ត

Dam Naer Kam San

vacation

វិស្សមកាល

Vi Samaak Kal

voyage

ដំណើរកម្សាន្តតាមសមុទ្រ

Dam Naer Kam San Tam Sa Mut

Modes of Transportation

មធ្យោបាយដឹកជញ្ជូន

Mut Thyo Bay Doek Chunh Choun

airplane/plane

យន្តហោះ

Yun Hoh

automobile

រថយន្ត

Rut Yun

balloon

បាឡូង

Ba Long

bicycle

កង់

Kang

boat

ទូក

Touk

bus

វថយន្តក្រុង

Rut Yun Krong

canoe

ទូកថែវ

Touk Chew

car

វថយន្ត

Rut Yun

ferry

សាឡាង

Sa Lang

motorcycle

ទោចក្រយានយន្ត

To Chakk Kra Yean Yun

motor home

វថយន្តមានផ្ទះខាងក្នុង

Rut Yun Mean Phteah Khang Knong

ship

នាវា

Nea Vea

subway

ផ្លូវក្រោមដី

Phlauw Kraom Dei

taxi

តាក់ស៊ី

Takk Si

train

រថភ្លើង

Ru Phleung

van

រថយន្តដឹកទំនិញ

Rut Yun Doek Tum Ninh

Hotels

សណ្ឋាគារ

San Tha Kear

accessible

ដែលអាចប្រើប្រាស់បាន

Del Ach Brae Brass Ban

airport shuttle

រថយន្តដឹកជញ្ជូនទៅអាកាសយានដ្ឋាន

Rut Yun Doek Chunh Choun Neou A Kas Yean Than

all-inclusive

កញ្ចប់ដំណើរកម្សាន្ត

Kanh Chabb Dam Naer Kam San

amenities

របស់របរត្រូវការប្រចាំថ្ងៃ

Ror Bass Ror Bar Trauw Kar Bra Cham Thngai

balcony

យ៉ាផ្ទះ

Ya Phteah

bathroom

បន្ទប់ទឹក

Bann Tub Tik

beach

ឆ្នេរសមុទ្រ

Chhne Sa Mut

beds

គ្រែ

Kre

bed and breakfast

បន្ទប់សណ្ឋាគាររួមជាមួយអាហារពេលព្រឹក

Bann Tub Sann Tha Kear Ruom Chea Muoy A Har Pel Prik

bellboy/bellhop

ក្មេងបម្រើនៅសណ្ឋាគារ

Khmeng Bam Rae Neou Sann Tha Kear

bill

វិក្កយប័ត្រ

Vi Kai Batt

breakfast

អាហារពេលព្រឹក

A Har Pel Prik

business center

មជ្ឈមណ្ឌលពាណិជ្ជកម្ម

Mach Chheak Mun Dul Pea Nich Kam

cable/satellite tv

ទូរទស្សន៍ខ្សែកាប

Tuor Tuos Khse Kab

charges (in-room)

ការគិតប្រាក់ (ក្នុងបន្ទប់)

Kar Kit Brakk (Khnong Bann Tub)

check-in

ការចុះឈ្មោះចូល

Kar Chos Chhmuos Chol

check-out

ការចាកចេញ

Kar Chak Chenh

concierge

អ្នកមើលថែអគារ

Neak Meul The A Kear

Continental breakfast

អាហារពេលព្រឹកបែបអឺរ៉ុប

A Har Pel Prik Beb Eu Rob

corridors (interior)

ច្រកក្នុងអគារ

Chrak Khnong A Kear

doorman

អ្នកយាមទ្វារ

Neak Yeam Thwear

double bed

បន្ទប់គ្រែពីរ

Bann Tub Kre Pi

double room

បន្ទប់គ្រែពីរ

Bann Tub Kre Pi

elevator

ជណ្ដើរយន្ត

Chun Daer Yun

exercise/fitness room

បន្ទប់ហាត់ប្រាណ

Bann Tub Hatt Bran

extra bed

គ្រែថែម

Kre Them

floor

ជាន់

Choan

front desk

កន្លែងទទួលភ្ញៀវ

Kann Leng Tor Tuol Phnhiew

full breakfast

ឈុតអាហារពេលព្រឹក

Chhut A Har Pel Prik

gift shop

ហាងលក់កាដូ

Hang Luok Kar Do

guest

ភ្ញៀវ

Phnhiew

---

guest laundry

កន្លែងបោកសម្លៀកបំពាក់ខ្ញុនជួង

Kan n Leng Baok Sam Liek Bam Peak

---

hair dryer

ម៉ាស៊ីនសម្ងួតសក់

Ma Sin Sam Nguot Sakk

---

high-rise

អគារខ្ពស់

A Kear Khpuos

---

hotel

សណ្ឋាគារ

Sann Tha Kear

---

housekeeping

ការរៃថទាំផ្ទះ

Kar The Toam Phteah

---

information desk

កន្លែងផ្តល់ព័ត៌មាន

Kann Leng Pdall Por Mean

---

inn

សណ្ឋាគារ

Sann Tha Kear

in-room

សេវាកម្មក្នុងបន្ទប់

Se Wa Kam Khnong Ban Tub

internet

អ៊ីនធឺណិត

In Theu Net

iron/ironing board

ក្តារអ៊ុតខោអាវ

Kdar Ut Khao Aw

key

សោ

Sao

king bed

គ្រែស្ដេច

Kre Sdech

lobby

កន្លែងរង់ចាំ

Kan Leng Rung Cham

local calls

ការហៅទូរស័ព្ទក្នុងស្រុក

Kar Hao Tour Sab

lounge

កន្លែងសម្រាប់អង្គុយលេង

Kan Leng Sam Rabb Ang Kuy Leng

luggage

អីវ៉ាន់

Ei Wan

luxury

ប្រណិតភាព

Bra Net Pheap

maid

អ្នកបម្រើ

Neak Bam Rae

manager

អ្នកគ្រប់គ្រង

Neak Krub Krorng

massage

ម៉ាស្សា

Ma Sa

meeting room

បន្ទប់ប្រជុំ

Bann Tub Bra Chum

microwave

ម៉ាស៊ីនកម្តៅអាហារ

Ma Sin Kam Dao A Har

mini-bar

កន្លែងអង្គុយញ៉ាំស្រា

Kann Leng Ang Kuy Nham Sra

motel

ម៉ូតែល

Mo Tel

newspaper

កាសែត

Ka Set

newsstand

កន្លែងដាក់កាសែត

Kan Leng Dakk Ka Set

non-smoking

ហាមជក់បារី

Ham Chuok Ba Rei

pets/no pets

អាចយកសត្វចូលបាន/ហាមយកសត្វចូល

Ach York Satt Chol Ban / Ham York Satt Chol

pool - indoor/outdoor

អាងហែលទឹកខាងក្នុងអគារ/ក្រៅអគារ

Ang Hel Tik Khnong A Kear / Krao A Kear

porter

អ្នកជួយកាន់អីវ៉ាន់

Neak Chuoy Kann Ei Wann

queen bed

គ្រែម្ចាស់ក្សត្រី

Kre Mchass Ksatt Trei

parking

ចំណត

Cham Nat

receipt

ការទទួល

Kar Tor Tuol

reception desk

កន្លែងទទួលភ្ញៀវ

Kann Leng Tor Tuol Phnhiew

refrigerator (in-room)

ទូទឹកកក (នៅក្នុងបន្ទប់)

Tou Tik Kak (Neou Khnong Bann Tub)

reservation

ការកក់ទុក

Kar Kakk Tuk

restaurant

អាជនីយដ្ឋាន

Phoch Ni Than

room

បន្ទប់

Bann Tub

room number

លេខបន្ទប់

Lek Bann Tub

room service

សេវាបន្ទប់

Se Va Bann Tub

safe (in-room)

សុវត្ថិភាព (ក្នុងបន្ទប់)

So Vat Pheap (Khnong Ban Tub)

service charge

ការគិតថ្លៃសេវាកម្ម

Kar Kit Thlai Se Va Kam

shower

ទឹកផ្កាឈូក

Tik Phka Chhouk

single room

បន្ទប់ក្រែមួយ

Bann Tub Kre Muoy

suite

បន្ទប់

Bann Tub

tax

ពន្ធ

Pun

tip

លុយទឹកតែ

Luy Tik Te

twin bed

ក្រែពីរ

Kre Pi

vacancy/ no vacancy

មានកន្លែងទំនេរ/គ្មានកន្លែងទំនេរ

Mean Kann Leng Tum Ner / Khmean Kann Leng Tum Ner

wake-up call

សេវាដាស់ឱ្យភ្ញាក់ពីដំណេក

Se Va Daas Aoy Phnheak Pi Dam Nek

whirlpool/hot tub

អាងត្រាំទឹកក្តៅ

Ang Tram Tik Kdao

wireless high-speed internet

អ៊ីនធឺណិតល្បឿនល្បឿនឥតខ្សែ

In Theu Net Lboeun Loeun Et Khse

Related Verbs
កិរិយាស័ព្ទដែលទាក់ទង

Ke Ri Ya Sabb Del teakk Torng

to arrive

ទៅដល់

Teou Daal

to ask

សួរ

Suor

to buy

ទិញ

Tinh

to catch a flight

ធ្វើដំណើរតាមជើងហោះហើរ

Thweu Dam Naer Tam Cheung Hoh Haer

to change

ប្ដូរ

Bdor

to drive

បើកបរ

Baek Bar

to find

ស្វែងរក

Sweng Rork

to fly

ហោះហើរ

Hoh Haer

to land

ចុះចត

Chos Chat

to make a reservation

កក់កន្លែងទុក

Kakk Kann Leng Tuk

to pack

ខ្ចប់

Khchabb

to pay

បង់ប្រាក់

Bang Brakk

to recommend

ណែនាំ

Ne Noam

to rent

ជួល

Chuol

to see

មើល

Meul

to stay

នៅ

Neou

to take off

ចេញដំណើរ

Chenh Dam Naer

to travel

ធ្វើដំណើរ

Thveu Dam Naer

to swim

ហែលទឹក

Hel Tik

16) School

16) សាលារៀន

16) Sa La Rien

arithmetic

លេខគណិត

Lek Ka Net

assignment

កិច្ចការ

Kich Kar

atlas

សៀវភៅផែនទី

Siew Pheou Phen Ti

backpack

កាបូបស្ពាយពីក្រោយ

Ka Baub Speay Pi Kraoy

binder

ប្រដាប់ចង

Bra Dabb Chang

blackboard

ក្ដារខៀន

Kdar Khien

book

សៀវភៅ

Siew Pheou

bookbag

កាបូបដាក់សៀវភៅ

Ka Baub Dakk Siew Pheou

bookcase

ធ្នើដាក់សៀវភៅ

Thneu Dakk Siew Pheou

bookmark

កន្លែងដាក់ចំណាំក្នុងសៀវភៅ

Kann Leng Dakk Cham Nam Khnong Siew Pheou

calculator

ម៉ាស៊ីនគិតលេខ

Ma Sin Kit Lekh

calendar

ប្រតិទិន

Bra Te Tin

chalk

ដីស

Dei Sa

chalkboard

ក្ដារខៀន (ដីស)

Kdar Khien (Dei Sa)

chart

តារាង

Ta Rang

class clown

អ្នកពូកែកំប្លែងក្នុងសាលារៀន

Neak Pou Ke Kam Bleng Khnong Sa La Rien

classmate

មិត្តរួមថ្នាក់

Mit Ruom Thnakk

classroom

ថ្នាក់រៀន

Thnakk Rien

clipboard

ក្ដារសម្រាប់កៀបក្រដាស

Kdar Sam Rabb Kieb Kra Das

coach

គ្រូបង្រៀន

Krou Bang Rien

colored pencils

ខ្មៅដៃដែលជាត់ពណ៌

Khmao Dai Phatt Poar

compass

ដែកឈាន

Dek Chhean

composition book

computer

កុំព្យូទ័រ

Kom Pyout Toar

construction paper

ក្រដាសពណ៌

Kra Das Poar

crayons

ខ្មៅដៃដែលជាត់ពណ៌

Khmao Dai Phatt Poar

desk

តុ

To

dictionary

វចនានុក្រម

Vach Na Nu Kram

diploma

សញ្ញាប័ត្រ

Sanh Nha Batt

dividers

ផែកឈាន

Dek Chhean

dormitory

អន្តេវាសិកដ្ឋាន

An Te Vea Sik Than

dry-erase board

ក្តារខៀន

Kdar Khien

easel

ជើងទ្រក្តារខៀន

Cheung Tror Kdar Khien

encyclopedia

សព្វវចនាធិប្បាយ

Sabb Vach Na Thi Bay

english

អង់គ្លេស

Ang Kles

eraser

ប្រដាប់លុប

Bra Dabb Lub

exam

ការប្រឡង

Kar Bra Lang

experiment

ការពិសោធន៍

Kar Pi Saot

flash cards

កាតផ្ដល់ព័ត៌មាន

Kat Phdall Por Mean

folder

សឺមី

Seu Mi

geography

ភូមិសាស្ត្រ

Phoum Sas

globe

ផែនដី

Phen Dei

glossary

សទ្ទានុក្រម

Sann Tea Nu Kram

glue

កាវ

Kav

gluestick

កាវ

Kav

grades, A, B, C, D, F, passing, failing

កម្រិតពិន្ទុ អា ប៊ី ស៊ី ឌី អេហ្វ ជាប់ ធ្លាក់

Kam Ret Pin Tu Ae Bi Si Di Aehw Choab Thleakk

gym

ការហាត់ប្រាណ

Kar Hatt Bran

headmaster

នាយកសាលារៀន

Nea Yuok Sa La Rien

highlighter

ប្រដាប់គូសចំណុចសំខាន់

Bra Dabb Kous Cham Noch Sam Khann

history

ប្រវត្តិសាស្ត្រ

Bra Voat Sas

homework

កិច្ចការផ្ទះ

Kech Kar Phteah

ink

ទឹកខ្មៅ

Tik Khmao

janitor

អ្នកយាមទ្វារ

Neak Yeam Thvear

Kindergarten

ថ្នាក់មតេ្តយ្យ

Thnakk Ma Tey

keyboard

ក្ដារចុច

Kdar Choch

laptop

កុំព្យូទ័រយួរដៃ

Kom Pyout Toar Yuor Dai

lesson

មេរៀន

Me Rien

library

បណ្ណាល័យ

Bann Na Lai

librarian

បណ្ណារក្ស

Bann Na Reak

lockers

ទូមានសោរ

Tuo Mean Saor

lunch

អាហារថ្ងៃត្រង់

A Har Thngai Trong

lunch box/bag

ប្រអប់/កញ្ចប់អាហារថ្ងៃត្រង់

Bra Abb / Kanh Chabb A Har Thngai Trong

map

ផែនទី

Phen Ti

markers

ហ្វឺត

Hweut

---

math

គណិតវិទ្យា

Ka Nit Vi Thyea

---

notebook

សៀវភៅកត់ត្រា

Siev Pheou Katt Tra

---

notepad

កំណល់ក្រដាស

Kam Nal Kra Das

---

office

ការិយាល័យ

Ka Ri Ya Lai

---

paper

ក្រដាស

Kra Das

---

paste

ជ័រ

Choar

---

pen

បិច

Bich

---

pencil

ខ្មៅដៃ

Khmao Dai

---

pencil case

កាបូបដាក់ខ្មៅដៃ

Ka Baub Dakk Khmao Dai

---

pencil sharpener

ប្រដាប់ខួងខ្មៅដៃ

Bra Dabb Khuong Khmao Dai

---

physical education/PE

ការអប់រំរាងកាយ

Kar Abb Rum Reang Kay

---

portfolio

សីមី

Seu Mi

---

poster

បណ្ណប្រកាស

Bann Bra Kas

---

principal

នាយកសាលារៀន

Nea Yuok Sa La Rien

professor

សាស្ត្រាចារ្យ

Sas Stra Char

project

គម្រោង

Kum Rong

protractor

ប្រដាប់វាស់មុំ

Bra Dabb Voas Mum

pupil

សិស្ស

Sis

question

សំណួរ

Sam Nuor

quiz

សំណួរ

Sam Nuor

read

អាន

An

---

reading

ការអាន

Kar An

---

recess

វិស្សមកាល

Vis Sma Kal

---

ruler

បន្ទាត់

Bann Toat

---

science

វិទ្យាសាស្ត្រ

Vi Thyea Sas

---

scissors

កន្ត្រៃ

Kann Trai

---

secretary

លេខា

Le Kha

semester

ឆមាស

Chha Meas

stapler

ប្រដាប់កិប

Bra Dabb Koeb

student

សិស្ស

Sis

tape

កាសែត

Ka Set

teacher

គ្រូបង្រៀន

Krou Bang Rien

test

ការប្រឡង

Kar Bra Lang

thesaurus

កម្រងវចន:ស័ព្ទ

Kam Rang Vach Nak Sab

vocabulary

វាក្យស័ព្ទ

Veak Sab

watercolors

ជក់

Chorkk

whiteboard

ក្តាររៀន (ហ្វ៊ីត)

Kdar Khien (Hweut)

write

សរសេរ

Sar Ser

Related Verbs
កិរិយាស័ព្ទដែលទាក់ទង

Ke Ri Ya Sab Del Teak Torng

to answer

ឆ្លើយ

Chhlaey

to ask

សួរ

Suor

to draw

គូរ

Kour

to drop out

ឈប់រៀន

Chhub Rien

to erase

លុប

Lub

to fail

ធ្លាក់

Thleak

to learn

រៀន

Rien

to pass

ជាប់

Choab

to play

លេង

Leng

to read

អាន

An

to register

ចុះឈ្មោះ

Choh Chhmuos

to show up

បង្ហាញខ្លួន

Bang Hanh Khluon

to sign up

ចុះឈ្មោះ

Choh Chhmuos

to study

រៀន

Rien

to teach

បង្រៀន

Bang Rien

to test

ប្រឡង

Bra Lang

to think

គិត

Kit

to write

សរសេរ

Sar Ser

17) Hospital

17) មន្ទីរពេទ្យ

17) Mun Ti Pet

ache

ឈឺ

Chheu

acute

ធ្ងន់ធ្ងរ

Thngun Thngor

allergy/allergic

ប្រតិកម្ម

Bra Te Kam

ambulance

ឡានពេទ្យ

Lan Pet

amnesia

ខូចស្មារតី

Khouch Smar Dei

amputation

ការកាត់អវៈយវៈ

Kar Katt A Veak Yor Veak

anaemia

រោគខ្វះឈាម

Rok Khvah Chheam

anesthesiologist

អ្នកជំនាញខាងថ្នាំស្ពឹក

Neak Chum Neanh Khang Thnam Spik

antibiotics

ថ្នាំអង់ទីប៊ីយូទិក

Thnam Ang Ti Bi Yo Tik

anti-depressant

ថ្នាំបំបាត់ក្រុស្រស

Thnam Bam Bat Stres

appointment

ការណាត់ជួប

Kar Natt Chuob

arthritis

ជម្ងឺរលាកសន្លាក់

Chum Ngeu Ror Leak San Lakk

asthma

ជម្ងឺហឺត

Chum Ngeu Heut

bacteria

មេរោគ

Me Rok

bedsore

ស្បែករលាក

Sbek Ror Leak

biopsy

ការធ្វើកោសល្យវិច្ឆ័យ

Kar Thveu Kao Sal Vi Chai

blood

ឈាម

Chheam

blood count

ការរាប់គ្រាប់ឈាម

Kar Roab Kroab Chheam

blood donor

អ្នកបរិចាគឈាម

Neak Ba Ri Chak Chheam

blood pressure

សំពាធឈាម

Sam Peath Chheam

blood test

ធ្វើតេស្តឈាម

Thveu Tes Chheam

bone

ឆ្អឹង

Chhaoeng

brace

ឧបករណ៍ជួយទប់

Ob Kar Chuoy Tubb

bruise

ស្នាមជាំ

Snam Choam

Caesarean section (C-section)

ការសម្រាលកូនដោយការវះកាត់

Kar Sam Ral Koun Daoy Kar Veah Katt

cancer

ជម្ងឺមហារីក

Chum Ngeu Mor Ha Rik

cardiopulmonary resuscitation (CPR)

ការអក់ធ្វើចលនាបេះដូង

Kar Chhak Thveu Chal Na Beh Doung

case

អ្នកជម្ងឺ

Neak Chum Ngeu

cast

បំង់សីម៉ង់

Pang Seu Mang

chemotherapy

ការព្យាបាលដោយគីមី

Kar Pyea Bal Daoy Ki Mi

coroner

អ្នកធ្វើកោសល្យវិច្ឆ័យសាកសព

Neak Thveu Kao Sal Vi Chai Sak Sab

critical

ស្ថានភាពជម្ងឺគួរឱ្យបារម្ភ

Sthan Pheap Chum Ngeu Kuor Aoy Bar Rom

crutches

ប្រដាប់ទប់លំនឹង (មនុស្សពិការ)

Bra Dabb Tub Lum Ning (Mnus Pi Kar)

cyst

ពក/គីស

Pork / Kis

deficiency

ភាពទន់ខ្សោយ

Pheap Tun Khaoy

dehydrated

ខ្វះជាតិទឹក

Khvas Cheat Tik

diabetes

ជម្ងឺទឹកនោមផ្អែម

Chum Ngeu Tik Nom Phaem

diagnosis

រោគវិនិច្ឆ័យ

Rok Vi Ni Chhai

dietician

អ្នកជំនាញខាងតមអាហារ

Neak Chum Neanh Khang Tam A Har

disease

ជម្ងឺ

Chum Ngeu

doctor

វេជ្ជបណ្ឌិត

Vech Cheak Ban Dit

emergency

សង្គ្រោះបន្ទាន់

Sang Kruoh Ban Toan

emergency room (ER)

បន្ទប់សង្គ្រោះបន្ទាន់

Ban Tub Sang Kruoh Ban Toan

exam

ត្រួតពិនិត្យ

Truot Pi Nit

fever

ជម្ងឺគ្រុន

Chum Ngeu Krun

flu (influenza)

ជម្ងឺផ្តាសាយ

Chum Ngeu Pdas Say

fracture

បាក់ឆ្អឹង

Bakk Chhaoeng

heart attack

ជម្ងឺគាំងបេះដូង

Chum Ngeu Keang Beh Daung

hematologist

គ្រូពេទ្យវិភាគឈាម

Krou Pet Vi Pheak Chheam

hives

កន្ទាលក្រអាក

Kan Teal Tra Ak

hospital

មន្ទីរពេទ្យ

Mun Ti Pet

illness

ជម្ងឺ

Chum Ngeu

imaging

ការផលិតរូបភាព

Kar Pal Lit Roub Pheap

immunization

ភាពសាំ

Pheap Sam

infection

ការឆ្លង

Kar Chhlang

Intensive Care Unit (ICU)

បន្ទប់ព្យាបាលជម្ងឺធ្ងន់ធ្ងរ

Ban Tub Pyea Bal Chum Ngeu Thngun Thngor

IV

ការព្យាបាលដោយការចាក់សារធាតុរាវចូលក្នុងសរសៃ

Kar Pyea Bal Daoy Kar Chakk Sar Theat Reav Chaul Khnong Sar Sai

laboratory (lab)

បន្ទប់ពិសោធន៍

Bann Tub Pi Saot

life support

ការថែទាំអ្នកជម្ងឺដែលខ្ចួសរីរាង្គសំខាន់

Kar The Toam Neak Chum Ngeu Del Khauch Sa Rei Reang Sam Khann

mass

ម៉ាស

Mas

medical technician

អ្នកជំនាញសង្គ្រោះបឋម

Neak Chum Neanh Sang Kruoh

neurosurgeon

វេជ្ជបណ្ឌិតជំនាញខាងប្រព័ន្ធប្រសាទ

Vech Cheak Bann Dit Chum Neanh Khang Bra Poan Bra

Sat

nurse

គិលានុបដ្ឋាយិកា

Ki Lean Nub Thak Yi Ka

operating room (OR)

បន្ទប់វះកាត់

Bann Tub Veah Katt

operation

ការវះកាត់

Kar Veah Katt

ophthalmologist

គ្រូពេទ្យភ្នែក

Krou Pet Phnek

orthopedic

ផ្នែកវះកាត់កែទម្រង់ឆ្អឹង

Phnek Veah Katt Ke Tum Rung Chhaoeng

pain

ឈឺ

Chheu

patient

អ្នកជម្ងឺ

Neak Chum Ngeu

pediatrician

គ្រូពេទ្យកុមារ

Krou Pet Ko Mar

pharmacist

ឱសថការី

Ua Sot Kar Rei

pharmacy

ឱសថស្ថាន

Ua Sot Sthan

physical Therapist

ការព្យាបាលដោយចលនា

Kar Pyea Bal Daoy Chal Na

physician

គ្រូពេទ្យ

Krou Pet

poison

ជាតិពុល

Cheat Pul

prescription

វេជ្ជបញ្ជា

Vech Cheak Banh Chea

psychiatrist

គ្រូពេទ្យផ្លូវចិត្ត

Krou Pet Phlauw Chet

radiologist

គ្រូពេទ្យជំនាញថតនិងឆ្លុះឆ្លែង

Krou Pet Chum Neanh That Ning Chhloh Chhaoeng

resident

គ្រូពេទ្យកំពុងចុះកម្មសិក្សា

Krou Pet Kam Pung Choh Kam Sik Sa

scan

ថត

That

scrubs

រូបគ្រូពេទ្យពាក់រៈកាត់

Raub Krou Pet Peak Veah Katt

shots

ចាក់ថ្នាំ

Chakk Thnam

side effects

ផលវិបាកអាក្រក់នៃថ្នាំ

Et Thi Pul A Krakk Ney Thnam

specialist

អ្នកជំនាញ

Neak Chum Neanh

stable

ស្ថានភាពនឹងនរ

Stan Pheap Ning Nor

surgeon

គ្រូពេទ្យវះកាត់

Krou Pet Veah Katt

symptoms

រោគសញ្ញា

Rok Sanh Nha

therapy

ការព្យាបាល

Kar Pyea Bal

treatment

ការព៌ធទាំ

Kar The Toam

vein

សរសៃឈាម

Sar Sai Chheam

visiting hours

ម៉ោងសួរសុខទុក្ខ

Maong Sour Sok Tuk

visitor

អ្នកមកសួរសុខទុក្ខ

Neak Mok Suor Sok Tuk

wheelchair

កៅអីរុញ

Kao Ei Runh

x-ray

ថតកាំរស្មី X-Ray

That Kam Reaksmey X-Ray

Related Verbs
កិរិយាស័ព្ទដែលទាក់ទង

Ki Ri Ya Sabb Del Teak Torng

to bring

នាំមក

Noam Mork

to cough

ក្អក

Kaak

to examine

ពិនិត្យ

Pi Nit

to explain

បកស្រាយ

Bak Sray

to feel

មានអារម្មណ៍

Mean A Rom

to give

ឲ្យ

Aoy

to hurt

ឈឺ

Chheu

to prescribe

ចេញវេជ្ជបញ្ជា

Chenh Vech Cheak Banh Chea

to scan

ថត/ស្កេន

That / Sken

to take

យក

York

to test

សាកល្បង

Sak Lbang

to treat

ថែទាំ

The Toam

to visit

សួរសុខទុក្ខ

Suor Sok Tuk

to wait

ចាំ

Cham

to x-ray

ថតកាំរស្មី X-ray

That Kam Reaksmey X-Ray

18) Emergency

18) ការសង្គ្រោះបន្ទាន់

18) Kar Sang Kruoh Bann Toan

accident

គ្រោះថ្នាក់

Kruoh Thnakk

aftershock

តក់ស្ពុត

Takk Slot

ambulance

ឡានពេទ្យ

Lan Pet

asthma attack

រោគហឺត

Rok Heut

avalanche

ផ្តាំងទឹកកក

Ptoang Tik Kak

blizzard

ព្យុះទឹកកក

Pyuh Tik Kak

blood/bleeding

ឈាម/ហូរឈាម

Chheam / Hor Chheam

broken bone

ឆ្អឹងបាក់

Chhaoeng Bakk

car accident

គ្រោះថ្នាក់ចរាចរណ៍ដោយរថយន្ត

Kruoh Thnakk Cha Ra Cha Daoy Rut Yun

chest pain

ឈឺទ្រូង

Chheu Troung

choking

ការស្ទះក់

Kar Slakk

coast guard

ស្រទាប់ការពារ

Sra Toab Ka Pea

crash

បុក

Bok

diabetes

ជម្ងឺទឹកនោមផ្អែម

Chum Ngeu Tik Nom Paem

doctor

វេជ្ជបណ្ឌិត

Vech Cheak Bann Dit

drought

រាំងស្ងួត

Roang Snguot

drowning

ការលង់ទឹក

Kar Lung Tik

earthquake

រញ្ជួយផែនដី

Runh Chuoy Phen Dei

emergency

សង្គ្រោះបន្ទាន់

Sang Kruoh Bann Toan

emergency services

សេវាសង្គ្រោះបន្ទាន់

Se Wa Sang Kruoh Bann Toan

EMT (emergency medical technician)

អ្នកផ្ដល់សេវាផ្នែកសង្គ្រោះបន្ទាន់

Neak Pdall Se Wa Phnek Sang Kruoh Bann Toan

explosion

ការផ្ទុះ

Kar Phtuh

fight

ប្រឆាំង

Bra Chhang

fire

អគ្គិភ័យ

A Ki Phey

fire department

នាយកដ្ឋានអគ្គិភ័យ

Nea Yuok Than A Ki Phey

fire escape

ផ្លូវគេចអគ្គិភ័យ

Phlauw Kech A Ki Phey

firefighter

អ្នកពន្លត់អគ្គិភ័យ

Neak Pun lut A Ki Phey

fire truck

ឡានទឹក

Lan Tik

first aid

សង្គ្រោះបឋម

Sang Kruoh Pa Tham

flood

ទឹកជំនន់

Tik Chum Nun

fog

អ័ព្ទ

Abb

gun

កាំភ្លើង

Kam Phleung

gunshot

ការបាញ់កាំភ្លើង

Kar Banh Kam Phleung

heart attack

ជម្ងឺគាំងបេះដូង

Chum Ngeu Koang Beh Daung

heimlich maneuver

វិធីជួយសង្គ្រោះពេលស្លាក់ខ្យល់

Vi Thi Chuoy Sang Kruoh Pel Slakk Khchal

help

ជំនួយ

Chum Nuoy

hospital

មន្ទីរពេទ្យ

Mun Ti Pet

hurricane

ព្យុះសង្ឃរា

Pyuh Sang Kha Rea

injury

របួស

Ror Buos

ladder

ជណ្ដើរ

Chun Daer

lifeguard

អ្នកសង្គ្រោះបន្ទាន់

Neak Sang Kruoh Bann Toan

life support

ការថែទាំអ្នកជម្ងឺដែលខូចសរីរាង្គសំខាន់

Kar The Toam Neak Chum Ngeu Del Khauch Sa Rei Reang Sam Khann

lightening

ផ្លេកបន្ទោរ

Phlek Bann Tol

lost

វង្វេង

Vung Veng

mudslide

ល្បាក់ភក់

Lbakk Phuok

natural disaster

គ្រោះធម្មជាតិ

Kruoh Thoam Cheat

nurse

គិលានុបដ្ឋាយិកា

Ki Lean Nub Thak Yi Ka

officer

បុគ្គលិក

Bok Klik

paramedic

ជំនួយការពេទ្យពេលសង្គ្រោះបន្ទាន់

Chum Nuoy Kar Pet Pel Sang Kruoh Bann Toan

poison

ជាតិពុល

Cheat Pul

police

ប៉ូលីស

Po Lis

police car

ឡានប៉ូលីស

Lan Po Lis

rescue

ជួយសង្គ្រោះ

Chuoy Sang Kruoh

robbery

ការប្លន់

Kar Blann

shooting

ការបាញ់

Kar Banh

stop

បញ្ឈប់

Banh Chhub

storm

ព្យុះ

Pyuh

stroke

ជម្ងឺដាច់សរសៃឈាមខួរក្បាល

Chum Ngeu Dach Sar Sai Khuo Kbal

temperature

សីតុណ្ហភាព

Sei Ton Nhak Pheap

thief

ចោរ

Chaor

tornado

ព្យុះកួច

Pyuh Kuoch

tsunami

ព្យុះស៊ុណាមិ

Pyuh Su Na Mi

unconscious

សន្លប់

San Lobb

weather emergency

វិធីសង្គ្រោះពេលអាកាសធាតុមិនអំណោយផល

Vi Thi Sang Kruoh Pel A Kas Theat Min Am Naoy Phal

Related Verbs
កិរិយាស័ព្ទដែលទាក់ទង

Ki Ri Ya Sabb Del Teak Torng

to bleed

ហូរឈាម

Haur Chheam

to break

បំបែក

Bam Bek

to breathe

ដកដង្ហើម

Dak Dang Haem

to burn

ធ្វើឱ្យរលាក

Thveu Aoy Ror Leak

to call

ទូរស័ព្ទ

Tuor Sabb

to crash

បុក

Bok

to cut

កាត់

Katt

to escape

គេចខ្លួន

Kech Khluon

to faint

សន្លប់

Sann Labb

to fall

ធ្លាក់

Thleak

to help

ជួយ

Chuoy

to hurt

ឈឺ

Chheu

---

to rescue

ជួយសង្គ្រោះ

Chuoy Sang Kruoh

---

to save

សង្គ្រោះ

Sang Kruoh

---

to shoot

បាញ់

Banh

---

to wheeze

ដង្ហក់

Dank Hok

---

to wreck

កម្ទេច

Kam Tech

www.ingramcontent.com/pod-product-compliance
Lightning Source LLC
Chambersburg PA
CBHW051939090426
42741CB00008B/1204